Hartmut Aufderstraße

Jutta Müller

Thomas Storz

Delfin

Zeichnungen von Frauke Fährmann

Lehrbuch

zweibändige Ausgabe

Teil 1

Lektionen 1–10

Lehrwerk

für

Deutsch als Fremdsprache

Max Hueber Verlag

BESTANDTEILE

Lehrbuch einbändige Ausgabe inkl. 2 eingelegten CDs mit Sprechübungen 256 Seiten ISBN 3–19–001601–1	**Lehrbuch,** zweibändige Ausgabe mit eingelegten CDs **Teil 1,** Lektionen 1–10 ISBN 3–19–091601–2 **Teil 2,** Lektionen 11–20 ISBN 3–19–101601–5	**Lehrbuch + Arbeitsbuch** dreibändige Ausgabe mit eingelegten CDs und integriertem Arbeitsbuch **Teil 1,** Lektionen 1–7 ISBN 3–19–401601–6 **Teil 2,** Lektionen 8–14 ISBN 3–19–411601–0 **Teil 3,** Lektionen 15–20 ISBN 3–19–421601–5

Alle Ausgaben sind inhaltsgleich und haben die gleiche Seitenzählung.

Hörverstehen Teil 1,
Lektionen 1–10
4 Kassetten
ISBN 3–19–031601–5
4 CDs
ISBN 3–19–041601–X

Hörverstehen Teil 2,
Lektionen 11–20
4 Kassetten
ISBN 3–19–061601–9
4 CDs
ISBN 3–19–071601–3

Arbeitsbuch ISBN 3–19–011601–6 **Arbeitsbuch,** Lösungen ISBN 3–19–191601–6	**Arbeitsbuch,** zweibändige Ausgabe **Teil 1,** Lektionen 1–10 ISBN 3–19–111601–X **Teil 2,** Lektionen 11–20 ISBN 3–19–121601–4

Lehrerhandbuch
ISBN 3–19–021601–0

5.   4. | Die letzten Ziffern
2008   07   06   05   04 | bezeichnen Zahl und Jahr des Druckes.
Alle Drucke dieser Auflage können, da unverändert,
nebeneinander benutzt werden.
1. Auflage
© 2002 Max Hueber Verlag, D-85737 Ismaning
Umschlaggestaltung: Peer Koop, München
Zeichnungen: Frauke Fährmann, Pöcking
Repro: Scan & Art, München
Satz: abc Media-Services, Buchloe
Druck und Bindung: Druckerei Appl, Wemding
Printed in Germany
ISBN 3-19-091601-2

Liebe Deutschlernerin, lieber Deutschlerner,

warum eigentlich ‚Delfin'? Weil wir Ihnen wünschen, so schwungvoll und voller Energie in die Welt der deutschen Sprache einzutauchen wie ein Delfin ins Wasser! Delfine sind neugierig und lernen schnell, dabei zwanglos und mit Freude. Ebenso sollen Sie stets Spaß am Deutschlernen haben. Wir möchten, dass Sie auf leichtem und direktem Weg ans Ziel kommen. Und dass Sie sich beim Lernen wohl fühlen, denn so erzielen Sie den besten Erfolg.

Damit Sie sich von Anfang an leicht im Lehrwerk orientieren können, haben wir den Aufbau von ‚Delfin' klar strukturiert. Jede Lektion hat einen thematischen Schwerpunkt und besteht aus zehn Seiten, die in fünf Doppelseiten gegliedert sind:

Eintauchen Damit beginnt jede Lektion und macht Sie mit dem jeweiligen Thema und der Grammatik vertraut.

Lesen Hier finden Sie attraktive Lesetexte verschiedenster Textsorten. Dazu Übungen, die Ihnen beim Auffinden und Verstehen der wichtigen Inhalte helfen.

Hören In diesem Schritt begegnen Ihnen alltagsnahe Gesprächssituationen. Mit den begleitenden Übungen können Sie gezielt Ihr Hörverstehen trainieren.
→ Kassetten/CDs Hörverstehen Teil 1

Sprechen Anhand amüsanter Sprechübungen können Sie hier Ihre Aussprache schulen. Außerdem bieten Ihnen modellhafte Dialoge sprachliche Mittel, die Sie selbst in verschiedenen Situationen des Alltags anwenden können.
→ CDs mit den Sprechübungen im Buch

Schreiben Durch Vorlagen gestützt können Sie hier das Schreiben unterschiedlicher Texte üben. Ab Lektion 4 finden Sie zusätzlich jeweils ein kurzes Diktat, das den neu gelernten Wortschatz aufgreift.
→ Kassetten/CDs Hörverstehen Teil 1

Tauchen Sie mit ‚Delfin' gleich ein in die Welt Ihrer neuen Fremdsprache. Schon bald wird sie Ihnen nicht mehr fremd sein. Wir wünschen Ihnen viel Spaß und viel Erfolg beim Deutschlernen mit ‚Delfin'!

Zweibändige Ausgabe Die zweibändige Ausgabe ist inhaltsgleich mit der Einbändigen. Das gilt auch für die Seitenzahlen und Seitenverweise. Die **Grammatik-Übersicht** bezieht sich jeweils auf Delfin Teil 1 und Delfin Teil 2. Die **Wortliste** von Teil 1 enthält nur Eintragungen von Teil 1, die **Wortliste** von Teil 2 Eintragungen von Teil 1 und Teil 2.

Ihre Autoren und Ihr Max-Hueber-Verlag

www.hueber.de/delfin/

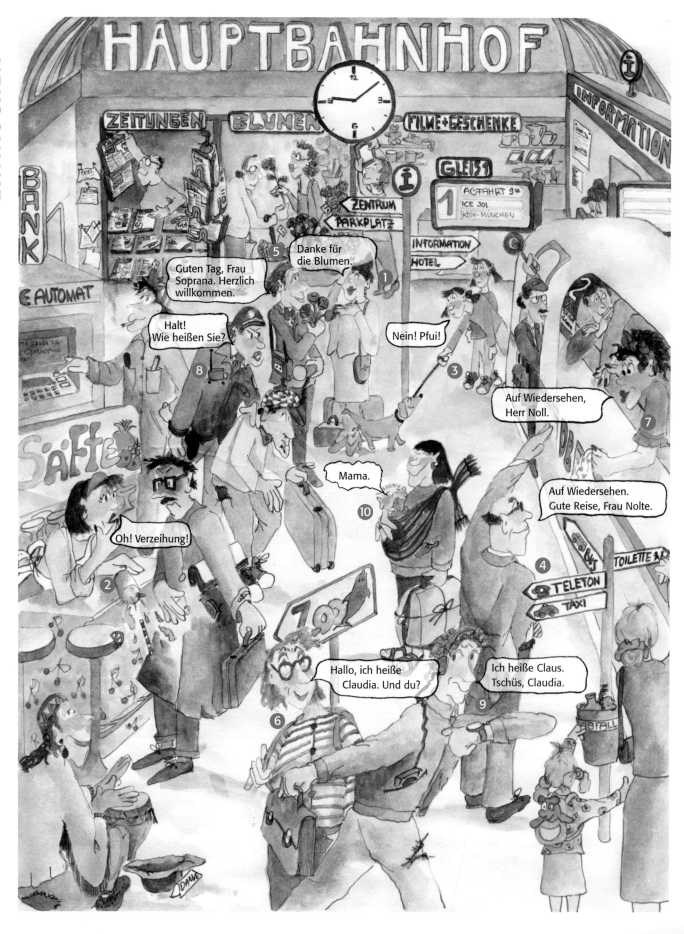

1. Notieren Sie die Nummer.

der Reporter: *5* „Guten Tag, Frau Soprana. Herzlich willkommen."
die Sängerin: ☐ „Danke für die Blumen."
der Tourist: ☐ „Auf Wiedersehen. Gute Reise, Frau Nolte."
die Touristin: ☐ „Auf Wiedersehen, Herr Noll."
das Mädchen: ☐ „Hallo, ich heiße Claudia. Und du?"
der Junge: ☐ „Ich heiße Claus. Tschüs, Claudia."
die Polizistin: ☐ „Halt! Wie heißen Sie?"
die Verkäuferin: ☐ „Oh! Verzeihung!"
das Baby: ☐ „Mama."
die Zwillinge: ☐ „Nein! Pfui!"

| 1 eins | 2 zwei | 3 drei | 4 vier | 5 fünf | 6 sechs | 7 sieben | 8 acht | 9 neun | 10 zehn |

2. Ordnen Sie.

der	die	das	die (Plural)
Reporter	*Sängerin*	*Baby*	*Zwillinge*
_____	_____	_____	_____
_____	_____		
	_____		

3. Ergänzen Sie.

das *Telefon*   die Telefone

die Blume   die _____

der Saft   die _____

der _____   die Geldautomaten

das _____   die Taxis

der Zwilling   die _____

das _____   die Hotels

Singular	Plural
der Geldautomat	**die** Geldautomaten
die Blume	**die** Blumen
das Taxi	**die** Taxis

Ein Bahnhof:
Menschen kommen und gehen,
lachen und weinen.
Ein Zug kommt.
Touristen. Sie reisen. Sie winken.
Ein Mädchen. Es lacht.
Eine Frau. Ein Mann.
Er sagt: „Auf Wiedersehen".
Ein Kuss.
Aber sie weint.

Wer ist der Mann? Wie heißt die Frau?
Wo wohnt er? Wo wohnt sie?
Sie ist jung. Er ist jung.
Sie sind verliebt.
Der Mann winkt. Die Frau geht.
Menschen kommen und gehen,
lachen und weinen.
Ein Bahnhof ...

4. Lesen Sie den Text. Was passt zusammen?

a) Touristen *winken* _____ .

b) Ein Zug _____ .

c) Ein Mädchen _____ .

d) Ein Mann _____ .

e) Eine Frau _____ .

f) Der Mann _____ .

g) Die Frau _____ .

h) Der Mann und die Frau _____ .

winkt
sagt: „Auf Wiedersehen"
weint
kommt
sind verliebt
lacht
~~winken~~
geht

ein Mann	der Mann	er winkt	(winken)
eine Frau	die Frau	sie geht	(gehen)
ein Mädchen	das Mädchen	es lacht	(lachen)
Touristen	die Touristen	sie kommen	(kommen)
		Er ist jung.	(sein)
		Sie ist jung.	
		Sie sind verliebt.	

Liebe Sara,

du bist nicht da. Ich bin traurig.
Ich spiele Klavier. Ich arbeite. Ich schreibe. Ich warte.
Wann kommst du?
Bist du traurig? Bist du glücklich?
Was machst du?
Weinst du? Lachst du?
Arbeitest du? Hörst du Musik?
Wartest du?
Du wohnst in Frankfurt. Ich lebe in Wien.
Ich bin allein. Du bist allein.
Aber das ist bald Vergangenheit.
Ich träume. Die Zukunft:
Du lebst in Frankfurt. Ich lebe in Frankfurt.
Oder: Ich wohne in Wien und du wohnst auch in Wien.
Du und ich. Ich und du.
Ich bin glücklich. Du bist glücklich.
Ich schicke Blumen.
Kommst du bald?

Ich liebe dich!
Jan

5. Richtig (r) oder falsch (f)?

a) **r** Jan ist traurig.

b) ▢ Sara schreibt.

c) ▢ Jan ist allein.

d) ▢ Jan liebt Sara.

e) ▢ Sara lebt in Frankfurt.

f) ▢ Jan wartet.

g) ▢ Jan spielt Klavier.

h) ▢ Sara schickt Blumen.

i) ▢ Jan wohnt in Frankfurt.

j) ▢ Sara wohnt in Wien.

k) ▢ Sara ist da.

l) ▢ Jan träumt.

kommen	ich komme	du kommst	Kommst du?	Wann kommst du?
arbeiten	ich arbeite	du arbeitest	Arbeitest du?	Wo arbeitest du?
warten	ich warte	du wartest	Wartest du?	
sein	ich **bin** glücklich	du **bist** glücklich	Bist du glücklich?	

6. Das ist kein …

a) Hören Sie die Gespräche *1, 2, 3* und *4*.

b) Foto und Gespräch. Was passt?

Gespräch Nr. ▪   Gespräch Nr. ▪   Gespräch Nr. ▪   Gespräch Nr. ▪

c) Welche Sätze hören Sie in Gespräch 1?
   ▪ „Das ist kein Geldautomat."
   ✗ „Der Geldautomat ist dort."
   ✗ „Das ist ein Fahrkartenautomat."
   ✗ „Ist der Fahrkartenautomat kaputt?"

d) Welche Sätze hören Sie in Gespräch 2?
   ▪ „Das ist keine Sängerin."
   ▪ „Das ist keine Verkäuferin."
   ▪ „Bist du am Bahnhof?"
   ▪ „Das ist eine Verkäuferin."

e) Welche Sätze hören Sie in Gespräch 3?
   ▪ „Ist das ein Radio?"
   ▪ „Nein, das ist kein Radio."
   ▪ „Das ist kein Klavier."
   ▪ „Meine Frau spielt Klavier."

f) Welche Sätze hören Sie in Gespräch 4?
   ▪ „Herr Mohn, sind Sie in Hamburg?"
   ▪ „Das sind keine Krankenwagen."
   ▪ „Hier ist ein Unfall."
   ▪ „Das sind Polizeiautos."

ein	Geldautomat	**kein**	Geldautomat
eine	Sängerin	**keine**	Sängerin
ein	Klavier	**kein**	Klavier
	Polizeiautos	**keine**	Polizeiautos

7. Am Bahnhof

a) Hören Sie das Gespräch.

b) Wer sagt die Sätze: Jörg (**J**) oder Veronika (**V**)?

J „Wie geht's?"
▪ „Wo sind deine Kinder?"
▪ „Meine Kinder sind dort."
▪ „Mein Sohn Ralf ist zehn."
▪ „Wie alt ist deine Tochter?"
▪ „Sag mal, was ist das denn?"
▪ „Aha, das ist dein Kamel."
▪ „Los, das Taxi wartet."

mein	Sohn	**dein**	Sohn
meine	Tochter	**deine**	Tochter
mein	Kind	**dein**	Kind
meine	Kinder	**deine**	Kinder

8. Mama, wo ist mein Ball?

a) Hören Sie das Gespräch.

b) Was ist richtig? ✗

☐ Vanessa ist traurig. Ihr Auto ist kaputt.
☐ Der Ball von Uwe ist kaputt. Uwe weint.
☐ Uwe ist glücklich. Sein Ball ist da.
☐ Vanessa ist traurig. Ihre Flasche ist kaputt.
☐ Das Baby weint. Seine Mutter ist nicht da.
☐ Die Mutter ist glücklich. Ihre Fahrkarten sind da.

er:		sie:		es:		sie (Plural):	
sein Ball		**ihr** Ball		**sein** Ball		**ihre** Bälle	
seine Flasche		**ihre** Flasche		**seine** Flasche		**ihre** Flaschen	
sein Auto		**ihr** Auto		**sein** Auto		**ihre** Autos	
seine Fahrkarten		**ihre** Fahrkarten		**seine** Fahrkarten		**ihre** Fahrkarten	

9. Ihre Nummer, bitte.

a) Hören Sie die Gespräche 1 und 2.

b) Was ist richtig? ✗

Gespräch 1   Der Tourist sagt:
☐ „Bitte Koffer Nummer 1 2 7."
✗ „Bitte Koffer Nummer 1 3 7."
☐ „Bitte Tasche Nummer 1 5 7."

Der Mann sagt:
☐ „Das ist nicht Ihr Koffer."
☐ „Das ist Ihre Tasche."
☐ „Das ist Ihr Koffer."

Gespräch 2   Nummer 5 2 3
☐ ist ein Koffer.
☐ ist eine Tasche.
☐ ist ein Radio.

Nummer 5 2 2 und 5 3 3
☐ sind Koffer.
☐ sind keine Koffer.
☐ sind nicht da.

Der Mann sagt:
☐ „Ihre Taschen sind nicht da."
☐ „So, Ihre Koffer sind da."
☐ „Ihre Tasche ist da."
☐ „Ihr Gepäck ist komplett."

Sie:	
Ihr Koffer	
Ihre Tasche	
Ihr Gepäck	
Ihre Taschen	

10. Das Alphabet.

Hören Sie die Buchstaben und sprechen Sie nach.

A a	B b	C c	D d	E e	F f	G g	H h	I i	J j
[a]	[be]	[ce]	[de]	[e]	[ef]	[ge]	[ha]	[i]	[jot]

K k	L l	M m	N n	O o	P p	Q q	R r	S s	T t
[ka]	[el]	[em]	[en]	[o]	[p]	[qu]	[er]	[es]	[t]

U u	V v	W w	X x	Y y	Z z	Ä ä	Ö ö	Ü ü	ß
[u]	[vau]	[we]	[ix]	[ypsilon]	[zet]	[a-Umlaut]	[0-Umlaut]	[u-Umlaut]	[eszet]

11. Wörter. Hören Sie, sprechen Sie nach und buchstabieren Sie.

a) Taxi   T – a – x – i

Taxi	ich	zwei
du	Vergangenheit	Polizei
da	zehn	wo
Jan	Bahnhof	ist
Mama	Krankenwagen	jung
Mann	eins	

b)
ä	Mädchen	**ö**	Jörg	**ü**	Grüße
	ergänzen		hört		küssen
	Gepäck		schön		fünf

c)
au	Auto	**äu**	träumen	**eu**	neun
	Frau		Verkäufer		neunzehn
ai	Kai	**ei**	zwei	**ie**	liebe
	Thailand		allein		Briefe

12. Die Zahlen von 0 bis 10.

Hören Sie die Zahlen und sprechen Sie nach.

null eins zwei drei vier fünf sechs sieben acht neun zehn

zehn neun acht sieben sechs fünf vier drei zwei eins null

13. Die Zahlen von 10 bis 100.

a) Hören Sie die Zahlen und sprechen Sie nach.

10 zehn	20 zwanzig	30 dreißig	40 vierzig
11 elf	21 einundzwanzig	31 einunddreißig	50 fünfzig
12 zwölf	22 zweiundzwanzig	32 zweiunddreißig	60 sechzig
13 dreizehn	23 dreiundzwanzig	33 ...	70 siebzig
14 vierzehn	24 vierundzwanzig		80 achtzig
15 fünfzehn	25 fünfundzwanzig		90 neunzig
16 sechzehn	26 sechsundzwanzig		100 hundert
17 siebzehn	27 siebenundzwanzig		
18 achtzehn	28 achtundzwanzig		
19 neunzehn	29 neunundzwanzig		

b) Hören Sie die Zahlen und sprechen Sie nach.

0 10 20 30 40 50 60 70 80 90 100
90 80 70 60 50 40 30 20 10 0

c) Hören Sie die Zahlen und sprechen Sie nach.

13 – 30; 14 – 40; 15 – 50; 16 – 60; 17 – 70; 18 – 80;
19 – 90

14. Wie alt sind die Personen?

a) Hören Sie und ergänzen Sie die Zahlen.

1. Ich bin _16_. Meine Großmutter ist ____.
2. Ich bin ____. Mein Hund ist ____ Jahre alt.
3. Ich bin ____. Mein Großvater ist ____.

4. Ich bin ____. Mein Vater ist ____.
5. Ich bin ____. Mein Lehrer ist ____.

b) Sprechen Sie die Sätze nach.

15. Was ist betont? Hören Sie die Gespräche und sprechen Sie die Sätze nach.

Gespräch a)

● <u>Noll</u>, Guten <u>Tag</u>.
■ Hallo Jörg. Hier ist <u>Claudia</u>.
● Hallo <u>Claudia</u>. Wo bist <u>du</u>?
■ In <u>München</u>. Ich bin in <u>München</u>.
● Wann <u>kommst</u> du?
■ <u>Morgen</u>.

Frau Soprana, arbeiten **Sie?**
Frau Soprana, wo sind **Sie?**

Gespräch b)
Markieren Sie die Betonungen.

● Nolte, guten Tag.
■ <u>Guten</u> Tag, <u>Herr</u> Nolte.
  Hier ist Soprana.
● Guten Tag, Frau Soprana.
  Wo sind Sie?
■ In London. Ich bin in London.
● Arbeiten Sie?
■ Nein, ich arbeite nicht.

Hallo Ingrid,

hier ist Benno auf Europareise!
Heute ist Sonntag, und ich
bin in Wien. Wien ist wunderbar!
Das Wetter ist gut, die Leute
sind nett.
Morgen bin ich in Salzburg.

Viele Grüße
Benno

Ingrid Bergman

Steubenstraße 54

D-14050 Berlin

16. Schreiben Sie Postkarten. Sie können die folgenden Informationen verwenden:

Tag	Ort	Postkarte an …	Stadt	Wetter	Leute
Sonntag	Wien	Ingrid	wunderbar	gut	nett
Montag	Salzburg	Uwe	toll	nicht so gut	freundlich
Dienstag	München	Maria	interessant	schlecht	sympathisch
Mittwoch	Zürich	Jens	wunderbar	scheußlich	prima
Donnerstag	Stuttgart	Eva	sympathisch	herrlich	angenehm
Freitag	Berlin	Walter	schön	fantastisch	toll
Samstag	Hamburg	Rebekka	herrlich	prima	freundlich

Hallo Uwe,

hier …

Uwe …

Hallo Maria,

hier …

Maria…

1. **Was passt zur Familie links (_l_), was passt zur Familie rechts (_r_)?**

r Sie kommen aus Kopenhagen.

☐ Sie telefoniert.

☐ Sie heißen Schneider.

☐ Ihr Hobby ist Surfen.

☐ Sie kochen.

☐ Sie sind aus München.

☐ Sie haben Zwillinge.

☐ Ihre Kinder spielen Computer.

☐ Er ist Fotograf.

☐ Ihr Hund und ihre Katze sind Freunde.

2. **Wie antwortet Herr Schneider? Wie antwortet Herr Jensen?**

Herr Schneider
fragt:

Herr Jensen
antwortet:

Herr Jensen
fragt:

Herr Schneider
antwortet:

a) „Woher kommen Sie?"   **7**

b) „Wie heißen Sie?"   ☐

c) „Was sind Sie von Beruf?"   ☐

d) „Was ist Ihr Hobby?"   ☐

e) „Wie alt sind Ihre Kinder?"   ☐

f) „Woher kommen Sie?"   ☐

g) „Wie heißen Sie?"   ☐

h) „Was sind Sie von Beruf?"   ☐

i) „Was ist Ihr Hobby?"   ☐

j) „Wie alt sind Ihre Kinder?"   ☐

1. Unser Sohn ist neun und unsere Tochter ist elf.

2. Unser Hobby ist Tennis.

3. Wir heißen Schneider.

4. Meine Frau ist Ärztin und ich bin Fotograf.

5. Unsere Zwillinge sind vier Jahre alt.

6. Wir surfen gern.

7. Wir kommen aus Kopenhagen.

8. Meine Frau ist Sportlehrerin und ich bin Mathematiklehrer.

9. Wir heißen Jensen.

10. Wir sind aus München.

kommen	**wir** komm**en**
spielen	**wir** spiel**en**
haben	**wir** hab**en**
sein	**wir** **sind**

der Sohn	uns**er** Sohn
die Tochter	uns**ere** Tochter
das Hobby	uns**er** Hobby
die Kinder	uns**ere** Kinder

3. Lesen Sie das Gespräch.

● Hallo, habt ihr Probleme?

■ Na ja.

● Seid ihr schon lange hier?

■ Na ja, zwei Tage.

● Woher kommt ihr denn?

■ Aus Hamburg. Und ihr?

● Wir sind aus Rostock. Ist euer Zelt kaputt?

■ Nein, unser Zelt ist nass.

● Sind eure Schlafsäcke auch nass?

■ Ja natürlich. Und unsere Luftmatratze ist kaputt.
   Wir packen.

● Warum denn? – Unser Zelt ist trocken, unsere
   Luftmatratzen sind bequem, unsere Schlafsäcke
   sind sauber …

■ Wie bitte? – Ihr spinnt wohl!

4. Richtig (r) oder falsch (f)?

a) f Die Jungen packen.

b)   Ihre Luftmatratzen sind bequem.

c)   Ihre Schlafsäcke sind sauber.

d)   Ihr Zelt ist nass.

e)   Die Mädchen haben Probleme.

f)   Sie sind erst zwei Tage hier.

g)   Ihr Zelt ist kaputt.

h)   Ihre Schlafsäcke sind nass.

kommen	**wir** komm**en**	**ihr** komm**t**
packen	**wir** pack**en**	**ihr** pack**t**
haben	**wir** hab**en**	**ihr** hab**t**
sein	**wir** sind	**ihr** seid

der Schlafsack	**unser** Schlafsack	**euer** Schlafsack
die Luftmatratze	**unsere** Luftmatratze	**eure** Luftmatratze
das Zelt	**unser** Zelt	**euer** Zelt
die Probleme	**unsere** Probleme	**eure** Probleme

Menschen

Rekorde, Rekorde

Wasser ist Wasser – denken Sie vielleicht.
Aber nicht für Werner Sundermann. Der Möbeltischler
aus Radebeul bei Dresden ist 37 Jahre alt, verheiratet
und hat drei Kinder. Er trinkt nicht gern Bier oder
Wein, aber **er kann blind 18 Sorten Mineralwasser
erkennen** – mit oder ohne Kohlensäure. Er meint:
„Vielleicht schaffe ich bald 25. Ich trainiere fleißig." –
Na dann: Prost!

Nguyen Tien-Huu, 27, ist Kunststudent und ledig.
Er wohnt und studiert in Berlin. Wie verdient er Geld?
Er zeichnet Touristen. Das kann er sehr schnell.
Sein Rekord: Sechs Gesichter in zwei Minuten. Trotzdem
sind die Zeichnungen gut und die Touristen sind immer
zufrieden.

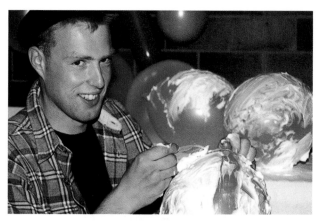

Natascha Schmitt ist Krankenschwester von Beruf.
Sie ist 32 Jahre alt, geschieden, wohnt in Stade und
arbeitet in Hamburg. Natascha Schmitt liebt Autos.
Reifenpanne? – Kein Problem! **Sie kann in
27 Sekunden ein Rad wechseln**. Das ist Weltrekord!

Max ist sein Vorname. Sein Familienname ist Claus.
26 Jahre ist er und ledig. Er wohnt in Wuppertal
und ist Frisör. Normalerweise schneidet er Haare und
rasiert Bärte. Pro Bart braucht er etwa fünf Minuten.
Aber er kann auch sehr gut und **sehr schnell
Luftballons rasieren**. Sein Rekord: 30 Luftballons in
drei Minuten. Und kein Ballon platzt.

5. Ergänzen Sie.

Familienname	Vorname	Alter	Beruf	Familienstand	Wohnort
Sundermann					
	Natascha				Stade
		27		ledig	
			Frisör		

6. Richtig (r) oder falsch (f)?

a) ☐ Nguyen Tien-Huu kann in zwei Minuten sechs Gesichter zeichnen.

☐ Seine Zeichnungen sind schlecht.

b) ☐ Natascha Schmitt kann in 17 Sekunden ein Rad wechseln.

☐ Sie arbeitet nicht in Stade.

c) ☐ Max Claus kann in drei Minuten dreißig Luftballons rasieren.

☐ Seine Ballons platzen.

d) ☐ Werner Sundermann trinkt gern Alkohol.

☐ Er kann blind 25 Sorten Mineralwasser erkennen.

Er	**kann**			**zeichnen.**
Er	**kann**		sechs Gesichter	**zeichnen.**
Er	**kann**	in zwei Minuten	sechs Gesichter	**zeichnen.**

7. Was passt?

a) **6** Die Frauen können tief tauchen.

b) ☐ Der Mann kann nicht reiten.

c) ☐ Die Kinder können gut singen.

d) ☐ Das Mädchen kann gut rechnen.

e) ☐ Die Katze kann hoch springen.

f) ☐ Der Junge kann nicht schwimmen.

	können
ich	**kann**
du	**kannst**
er/sie/es	**kann**
wir	**können**
ihr	**könnt**
sie/Sie	**können**

8. Hören Sie die Zahlen von 100 bis 1000.

100 hundert	101 hunderteins	120 hundertzwanzig
200 zweihundert	202 zweihundertzwei	121 hunderteinundzwanzig
300 dreihundert	303 dreihundertdrei	122 hundertzweiundzwanzig
400 vierhundert	404 vierhundertvier	123 hundertdreiundzwanzig
500 fünfhundert	...	...
600 sechshundert	111 hundertelf	333 dreihundertdreiunddreißig
700 siebenhundert	212 zweihundertzwölf	555 fünfhundertfünfundfünfzig
800 achthundert	313 dreihundertdreizehn	777 siebenhundertsiebenundsiebzig
900 neunhundert	414 vierhundertvierzehn	888 achthundertachtundachtzig
1000 tausend	...	999 neunhundertneunundneunzig

9. Hören Sie die Zahlen. Notieren Sie die Reihenfolge.

a) 890   980   808   c) 713   317   717   e) 221   123   132
     [2]   [3]   [1]   ▢   ▢   ▢   ▢   ▢   ▢

b) 630   330   360   d) 405   504   450   f) 578   758   587
     ▢   ▢   ▢   ▢   ▢   ▢   ▢   ▢   ▢

10. Wie viel wiegt das?

a) Hören Sie das Gespräch.

b) Ergänzen Sie. Wie viel Gramm sind es genau?

Die Zwiebeln wiegen   _748_ Gramm.   Die Tomaten wiegen   _____ Gramm.

Die Äpfel wiegen   _____ Gramm.   Die Karotten wiegen   _____ Gramm.

Die Kartoffeln wiegen   _____ Gramm.   Die Pilze wiegen   _____ Gramm.

11. Im Kaufhaus.

Diese Sätze sind falsch. Hören Sie das Gespräch und korrigieren Sie dann.

a) Der Junge lacht.

   Der Junge _____

b) Seine Großeltern sind weg.

   _____

c) Sein Nachname ist Jan-Peter.

   _____

d) Er ist fünf Jahre alt.

   _____

12. Radioquiz.
Notieren Sie die Lösungen.

Roswitha Beier 1   Rudolf Geißler 2
Jochen König 3   Klaus Beckmann 4

a) Wer hat Geburtstag? 2
b) Wer wohnt in Bremen? ▨
c) Wer ist 17 Jahre alt? ▨
d) Wer kommt aus Hamburg? ▨
e) Wer hat zwei Kinder? ▨
f) Wer studiert? ▨
g) Wer sagt die richtige Lösung? ▨
h) Der Komponist heißt (X) ...

   Haydn. ▨
   Beethoven. ▨
   Brahms. ▨
   Mozart. ▨

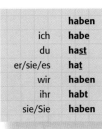

	haben
ich	habe
du	hast
er/sie/es	hat
wir	haben
ihr	habt
sie/Sie	haben

13. Pizza-Express.
Was ist richtig? X

a) ▨ Lisa bestellt 8 Pizzas.
   ▨ Lisa bestellt 11 Pizzas.

b) ▨ Ihre Eltern sind nicht da.
   ▨ Ihr Vater ist da, aber ihre Mutter nicht.

c) ▨ Lisa wohnt in Bonn.
   ▨ Lisa wohnt in Bern.

d) ▨ Ihre Adresse ist Beethovenstraße 9.
   ▨ Ihre Adresse ist Beethovenstraße 19.

e) ▨ Ihre Freundin ist da.
   ▨ Ihre Freunde sind da.

f) ▨ Ihr Freund heißt Bello.
   ▨ Ihr Hund heißt Bello.

g) ▨ Pizza Nummer eins ist für Bello.
   ▨ Pizza Nummer drei ist für Bello.

h) ▨ Lisa ist glücklich. Die Pizzas kommen.
   ▨ Lisa ist traurig. Die Pizzas kommen nicht.

14. Zischlaute ...

a) Hören Sie die Wörter und sprechen Sie nach.

Katze	Pizza	Zug	zehn	zwei	Gesicht	Saft
Matratze	Pilze	Zahl	Zelt	Zwilling	rasieren	sehr
platzen	Polizei	Zukunft	zufrieden	Zwiebel	Lösung	sauber

sechs	Bus	Gruß	dreißig	Flasche	schön	Schlafsack
Sorte	Kuss	groß	fleißig	Tasche	schnell	schneiden
Sohn	Tschüs	nass	Wasser	Tischler	scheußlich	schaffen

b) Hören Sie die Sätze und sprechen Sie nach.

Zwei Matratzen platzen.
Lisa rasiert sieben Gesichter.
Das Wasser ist nass.
Schwester Natascha ist geschieden.
Das Zelt ist sehr sauber.
Sein Sohn schneidet zweihundertzwölf Zwiebeln.
Das sind siebenhundertsiebenundsiebzig Sorten Pilze.
Herr Sundermann schafft schnell zweiundzwanzig
    Flaschen.

15. Was ist betont? Hören Sie die Sätze, markieren Sie die Betonungen und sprechen Sie nach.

a)

Volker <u>studiert</u>.	–	Volker studiert in <u>Berlin.</u>
Er kann zeichnen.	–	Er kann Gesichter zeichnen.
Natascha arbeitet.	–	Natascha arbeitet in Hamburg.
Sie kann spielen.	–	Sie kann Klavier spielen.

b)

Max schneidet normalerweise <u>Haare.</u>   –   <u>Normalerweise</u> schneidet Max <u>Haare.</u>
Werner erkennt vielleicht bald 25 Sorten Wasser.   –   Vielleicht erkennt Werner bald 25 Sorten Wasser.
Volker zeichnet in zwei Minuten sechs Gesichter.   –   In zwei Minuten zeichnet Volker sechs Gesichter.
Die Zeichnungen sind natürlich gut.   –   Natürlich sind die Zeichnungen gut.

Die Zeichnungen	sind	natürlich		gut.
Natürlich	sind	die Zeichnungen		gut.

16. Hören Sie die Gespräche und sprechen Sie nach.

Gespräch a)

● Hallo Volker!

■ Tag Heike! Wie geht's?

● Danke, gut. Übrigens – das ist
Valeria. Sie kommt aus Italien.

■ Hallo Valeria!

◆ Hallo.

■ Studierst du hier?

◆ Nein, ich möchte hier arbeiten.

■ Ach so.

Gespräch b)

● Guten Abend, Frau Humbold.

■ Guten Abend, Herr Bloch.

● Das ist Herr Winter.

■ Freut mich. Guten Abend.

◆ Guten Abend.

● Herr Winter kommt aus Australien.
Er möchte hier eine Reportage
machen.

■ Ach, dann sind Sie Reporter?

◆ Nein, ich bin Fotograf.

| Ich | **möchte** | hier **arbeiten.** |
| Er/sie | **möchte** | hier **arbeiten.** |

17. Variieren Sie die Gespräche.

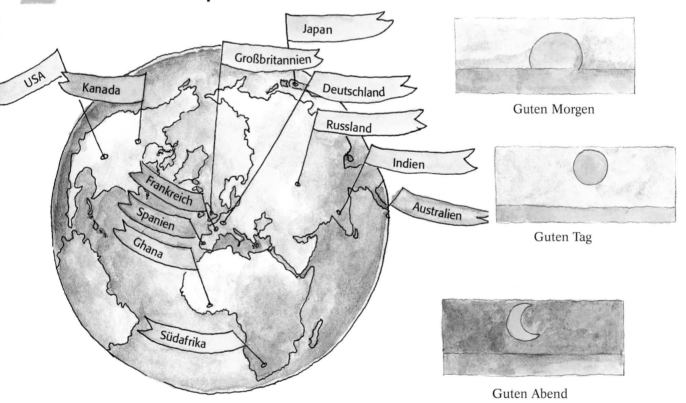

Guten Morgen

Guten Tag

Guten Abend

Sein Name ist Ferdinand Hackl. Er wohnt in Linz, Hirschgasse 14. Seine Telefonnummer ist 14 36 76, die Faxnummer ist 14 38 67. Er ist 47 Jahre alt, in Klagenfurt geboren und Installateur von Beruf. Er ist Österreicher. Seine Frau heißt Elisabeth. Elisabeth und Ferdinand Hackl haben drei Kinder: Maria, Johann und Resi.

Jana Pifkova, 23, ist Tschechin. Sie ist Informatikerin von Beruf und wohnt in Prag. Ihre Adresse: Kankovskeho 27. Geboren ist sie in Bratislava. Jana Pifkova ist nicht verheiratet und hat keine Kinder. Ihre Telefonnummer ist 44 32 39 78; das ist auch ihre Faxnummer. Natürlich hat sie auch eine E-Mail-Adresse: Jana.Pifkova@cuni.cz.

Sie kommt aus Tunesien. Aber sie lebt in Deutschland, und ihre Staatsangehörigkeit ist deutsch. Aziza Hansen ist 1971 in Tunis geboren. Sie wohnt in Hannover und ist Sekretärin von Beruf. Ihr Mann ist Deutscher. Sie haben zwei Töchter, vier und zwei Jahre alt. Ihre Adresse: Daimlerstraße 17a. Telefon: 8 93 45 67.

	Land	Einwohner	Einwohnerin	Staatsangehörigkeit
	Österreich	Österreicher	Österreicherin	österreichisch
	Tschechien	Tscheche	Tschechin	tschechisch
	Tunesien	Tunesier	Tunesierin	tunesisch
	Deutschland	Deutscher	Deutsche	deutsch

18. Füllen Sie die Formulare für die drei Personen aus.

Name: Hackl _____
Vorname: _____
Geschlecht: ☒ männlich
                 ☐ weiblich
Familienstand: ☐ ledig
                 ☐ verheiratet
                 ☐ geschieden
Alter: _____
Kinder: _____
Beruf: _____
Staatsangehörigkeit: _____
Geburtsort: _____
Wohnort: _____
Straße / Nr.:   _____
Land: _____
Telefon: _____
Fax: _____
E-Mail: _____

Name: _____
Vorname: _____
Geschlecht: ☐ männlich
                 ☐ weiblich
Familienstand: ☐ ledig
                 ☐ verheiratet
                 ☐ geschieden
Alter: _____
Kinder: _____
Beruf: _____
Staatsangehörigkeit: _____
Geburtsort: _____
Wohnort: _____
Straße / Nr.:   _____
Land: _____
Telefon: _____
Fax: _____
E-Mail: _____

Name: _____
Vorname: _____
Geschlecht: ☐ männlich
                 ☐ weiblich
Familienstand: ☐ ledig
                 ☐ verheiratet
                 ☐ geschieden
Alter: _____
Kinder: _____
Beruf: _____
Staatsangehörigkeit: _____
Geburtsort: _____
Wohnort: _____
Straße / Nr.:   _____
Land: _____
Telefon: _____
Fax: _____
E-Mail: _____

Animateur / Animateurin

Alter: 18-26 Jahre
Sprachen: Englisch und Französisch oder Spanisch
Sport: Tennis, Surfen, Tauchen, Segeln

Bewerbung mit Foto und Angabe von Gewicht und Größe an:

Clubreisen GmbH
Frau Donner
Rheinstraße 127, D-50996 Köln

Telefon: 0221-39813011, Fax: +49-221-39813057
E-Mail: Clubreisen@delfin-online.de

19. **Schreiben Sie eine Bewerbung:**

Name: Eva Fritsch
Alter: 21
Größe: 1,68
Gewicht: 52 kg
Beruf: studiert Medizin
Sprachen: Englisch und Französisch
Sport: Tennis nicht, aber surfen,
tauchen und schwimmen

Bodo Schuster

Schillerstr. 228
40237 Düsseldorf
Tel.: 02 11/68 98 68

An Clubreisen GmbH
Frau Donner
Rheinstraße 127

Düsseldorf, den 29.2.2001

D-50996 Köln

Bewerbung als Animateur

Sehr geehrte Frau Donner,

mein Name ist Bodo Schuster. Ich bin 24 Jahre alt,
1,80 Meter groß und wiege 78 Kilogramm.

Ich studiere Sport in Düsseldorf. Ich kann leider noch nicht
segeln, aber ich spiele gut Tennis und kann surfen. Mein
Englisch ist gut, und ich verstehe auch Spanisch.

Mit freundlichen Grüßen

Bodo Schuster

1. Was passt zusammen?

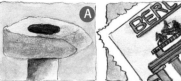  

der Hammer | die Ansichtskarte | die Kerze

die Briefmarke | das Feuerzeug | der Nagel

das Messer | der Topf | das Telefon

der Film | die Gabel | der Deckel

die Küchenuhr | die Schuhe | der Fotoapparat

die Batterie | das Telefonbuch | die Strümpfe

A	B	C	D	E	F	G	H	I
3								

Der Hammer und der Nagel passen zusammen.
Die Ansichtskarte und ...
...

2. Was sagen die Personen? Finden Sie weitere Beispiele.

● Der Topf ist da, aber der Deckel ist weg.
■ Moment, ich suche den Deckel.

● Die Ansichtskarte ist da, aber die ... ist weg.
■ Moment, ich suche die ...

● Das Telefonbuch ist da, aber das ... ist weg.
■ Moment, ich suche das ...

● Die Schuhe sind da, aber die ... sind weg.
■ Moment, ich suche die ...

● ... ist da, aber ... ist weg.
■ Moment, ich suche ...
...

Nominativ	Akkusativ
Der Deckel ist weg.	Ich suche **den** Deckel.
Die Briefmarke ist weg.	Ich suche **die** Briefmarke.
Das Telefon ist weg.	Ich suche **das** Telefon.
Die Strümpfe sind weg.	Ich suche **die** Strümpfe.

die Sonnenbrille
eine Sonnenbrille

der Regenschirm
ein Regenschirm

das Taschentuch
ein Taschentuch

die Gummistiefel *(Plural)*
Gummistiefel

der Mantel
ein Mantel

die Telefonkarte
eine Telefonkarte

das Pflaster
ein Pflaster

die Münzen *(Plural)*
Münzen

3. Ergänzen Sie.

Er hat keinen …
Er braucht einen …

Er hat kein …
Er braucht ein …

Er hat keine …
Er braucht eine …

Er hat keine …
Er braucht …

Er hat kein …
Er braucht ein …

Er hat keine …
Er braucht …

Er hat keine …
Er braucht eine …

Er hat keinen …
Er braucht einen …

Nominativ:		Akkusativ:	
ein Regenschirm	**kein** Regenschirm	**einen** Regenschirm	**keinen** Regenschirm
eine Telefonkarte	**keine** Telefonkarte	**eine** Telefonkarte	**keine** Telefonkarte
ein Pflaster	**kein** Pflaster	**ein** Pflaster	**kein** Pflaster
Münzen	**keine** Münzen	Münzen	**keine** Münzen

Reportage

Telefon, Fernseher, Auto hat jeder. Stimmt nicht. Manche Menschen haben zum Beispiel ein Krokodil, aber kein Telefon. Vier Personen, vier Lebensstile.

„Ein Krokodil und kein Telefon"

Karin Stern, 33, wohnt in Frankfurt. Sie ist Sozialarbeiterin und Hobby-Fotografin. „Ich brauche keinen Luxus, keinen Geschirrspüler und keinen Computer. Ich rauche nicht und ich trinke keinen Alkohol. Geld brauche ich nur für meine Kameras, mein Fotolabor und für Filme. Der Rest ist nicht so wichtig." Das stimmt: Ihr Bad ist eigentlich ein Fotolabor und ihr Schlafzimmer ein Fotoarchiv.

Jochen Pensler, 21, studiert in Leipzig Biologie. Sein Zimmer ist ein Zoo. Zurzeit hat er 6 Schlangen, 26 Spinnen, 14 Mäuse und 1 Krokodil. Aber er hat kein Telefon und kein Radio. Einen Fernseher hat er auch nicht. „Ich höre keine Musik und ich brauche keine Unterhaltung. Nur Bücher brauche ich unbedingt und meine Tiere. Tiere sind mein Hobby und sie kosten viel Zeit."

Bernd Klose, 42, lebt in Freiburg. Er ist Reporter. Deshalb ist er selten zu Hause. Seine Wohnung hat nur ein Zimmer. Es gibt eine Matratze und einen Schreibtisch. Möbel findet Bernd nicht wichtig. „Ich brauche drei Dinge: den Computer, das Motorrad und das Mobiltelefon."

Normalerweise hat jeder Mensch eine Wohnung oder ein Haus, aber Linda Damke nicht. Sie ist 27, Musikerin, und hat ein Segelboot. Das ist ihr Zuhause. „Andere Leute brauchen ein Haus oder eine Wohnung und einen Wagen, ich nicht. Mein Segelboot bedeutet Freiheit. Im Sommer bin ich in Deutschland oder in Frankreich, im Winter in Griechenland." Lindas Leben ist spannend, aber nicht sehr bequem. Die Kajüte hat wenig Platz. Es gibt ein Bett, einen Tisch, ein paar Kisten, einen Mini-Kühlschrank und einen Gaskocher. Mehr braucht sie nicht.

4. Was passt?

a) Jochen Pensler **2** ☐ ☐
b) Bernd Klose ☐ ☐ ☐
c) Karin Stern ☐ ☐ ☐
d) Linda Damke ☐ ☐ ☐

1. Sie ist Sozialarbeiterin von Beruf.
2. Er studiert Biologie.
3. Ihre Wohnung ist in Frankfurt.
4. Sein Bett ist eine Matratze.
5. Ihr Zuhause ist ein Segelboot.
6. Er braucht keine Unterhaltung.
7. Sie fotografiert gerne.
8. Sie ist 27 Jahre alt.
9. Sein Hobby sind Tiere.
10. Er hat eine Wohnung in Freiburg.
11. Er findet Möbel nicht wichtig.
12. Ein Haus und einen Wagen braucht sie nicht.

5. Was finden die Personen wichtig? Was finden sie nicht wichtig?

eine Wohnung   ein Segelboot   Tiere   einen Computer   Möbel   einen Geschirrspüler   Musik   Kameras

a) Jochen Pensler findet _Tiere_ wichtig, aber _____ findet er nicht wichtig.
b) Bernd Klose findet _____ wichtig, aber _____ findet er nicht wichtig.
c) Karin Stern findet _____ wichtig, aber _einen Geschirrspüler_ findet sie nicht wichtig.
d) Linda Damke findet _____ wichtig, aber _____ findet sie nicht wichtig.

Finden Sie weitere Beispiele:
Frau Stern findet ... wichtig, aber ... findet sie nicht wichtig.

ein Mobiltelefon   einen Wagen   ein Telefon
ein Haus   ein Fotolabor   ein Motorrad
ein Radio   einen Fernseher   Filme
Unterhaltung   Freiheit   Luxus   Bücher

6. Formulieren Sie es anders.

a) Bernd Klose braucht drei Dinge. → _Drei Dinge braucht Bernd Klose._
   Er hat kein Auto. → _Ein Auto hat er nicht._

b) Karin Stern braucht keinen
   Geschirrspüler. → _Einen Geschirrspüler_ _____
   Sie braucht einen Fotoapparat. → _____

c) Jochen Pensler hat keinen Fernseher. → _____
   Er hat ein Krokodil. → _____

d) Linda Damke braucht kein Haus. → _____
   Sie hat ein Segelboot. → _____

| Bernd Klose | braucht | **drei Dinge.** |
| **Drei Dinge** | braucht | **Bernd Klose.** |

| Er | hat | **kein Auto.** |
| **Ein Auto** | hat | er | **nicht.** |

7. Peter sucht ein Zimmer.

a) Lesen Sie die Texte A bis C.

A. Peter studiert Mathematik und Biologie. Er sucht ein
Zimmer. Seine Eltern sind nicht nett und er möchte
mehr Freiheit.
Wolfgang und Rudi haben zusammen ein Haus. Sie
haben ein Zimmer frei. Es kostet 130,– Euro.
Peter möchte das Zimmer nicht haben.

B. Peter studiert Physik und Biologie. Er sucht ein
Zimmer. Seine Eltern sind nett, aber er möchte mehr
Freiheit.
Wolfgang und Rudi haben zusammen ein Haus. Sie
haben eine Wohnung frei. Sie kostet 330,– Euro.
Peter möchte die Wohnung haben.

C. Peter studiert Mathematik und Biologie. Er sucht ein
Zimmer. Seine Eltern sind nett, aber er möchte mehr
Freiheit.
Wolfgang und Rudi haben zusammen eine Wohnung.
Sie haben ein Zimmer frei. Es kostet 130,– Euro.
Peter möchte das Zimmer haben.

b) Hören Sie das Gespräch.

Welcher Text passt?   **A** ▨   **B** ▨   **C** ▨

8. Was möchte Frau Fischer kaufen?

a) Hören Sie Gespräch 1. Was passt?

Wohnungsaufgabe

Verkaufe: Bett mit Matratze, Schreibtisch mit
Stuhl, Kühlschrank, Geschirrspüler, Herd,
Schreibmaschine, Klavier, Radio, Uhr, Besteck,
Koffer, Töpfe.
Mo. ab 18.00 Tel.: 069/785713 Rheinländer

Bett

P... mit Matratze zu verkaufen

Der _____ ist schon weg, aber
Familie Rheinländer hat den _____ noch.
Frau Fischer kann ihn kaufen.

Die _____ ist schon weg; Frau Fischer
kann sie nicht mehr kaufen.

Aber das _____ ist noch da. Frau Fischer
möchte es kaufen.

Stuhl

Koffer

Bett

Uhr

Kühlschrank

Schreibtisch

Matratze

b) Hören Sie Gespräch 2. Was passt?

alt, aber gut

50,– €

fast neu

nicht kaufen

150,– €

bequem

80,– €
kaufen

nicht kaufen

kaufen

20,– €

nicht komplett

a) Das Bett ist _____.

   Es kostet _____.

   Frau Fischer möchte es _____.

b) Die Schreibmaschine ist _____.

   Sie kostet _____.

   Frau Fischer möchte sie _____.

c) Der Kühlschrank ist _____.

   Er kostet _____.

   Frau Fischer möchte ihn _____.

d) Die Löffel, Messer und Gabeln sind _____.

   Sie kosten _____.

   Frau Fischer möchte sie _____.

c) Hören Sie Gespräch 3. Richtig (**r**) oder falsch (**f**)?

r Die Schreibmaschine ist schön.
f Sie funktioniert gut.
f Frau Fischer kauft sie.

r Der Stuhl ist sehr alt.
f Er ist bequem.
r Frau Fischer möchte ihn nicht.

f Die Töpfe sind kaputt.
r Sie haben keine Deckel.
f Frau Fischer kauft sie.

r Das Klavier ist neu.
r Frau Fischer möchte es kaufen.
r Es ist schon verkauft.

Der Stuhl ist noch da.	**Die** Uhr ist noch da.	**Das** Radio ist noch da.	**Die** Töpfe sind noch da.
Er ist alt.	**Sie** ist neu.	**Es** ist gut.	**Sie** sind kaputt.
Frau F. kauft **ihn**.	Frau F. kauft **sie**.	Frau F. kauft **es**.	Frau F. kauft **sie**.

9. Was suchen die Leute?

Hören Sie drei Gespräche.

Situation A:
Die Leute suchen …
  ein Messer.
  ✓ eine Kreditkarte.
  ✓ eine Telefonkarte.

Situation B:
Die Leute suchen …
  ✓ einen Regenschirm.
  einen Koffer.
  Gummistiefel.

Situation C:
Die Leute suchen …
  eine Uhr.
  ✓ ein Telefon.
  ein Feuerzeug.

10. **Hören Sie die Wörter und sprechen Sie nach.**

Kuss – Küsse	Gruß – Grüße	Buch – Bücher	Stuhl – Stühle	Strumpf – Strümpfe
Uhr – Uhren	Blume – Blumen	Junge – Jungen	Beruf – Berufe	Schuh – Schuhe

11. **Hören Sie die Wörter und sprechen Sie nach. Ordnen Sie dann.**

Stuhl	Pflaster	brauchst	Strumpf
studieren	findest	Stadt	Kiste
Straße	möchtest	Post	stimmt
Studium	Rest	kosten	bist

Stuhl	Pflaster	brauchst
...	...	...

12. **Hören Sie die Sätze und sprechen Sie nach.**

● Die Spinne kaufe ich.
■ Spinnst du?

● Suchst du die Stiefel?
■ Nein, ich suche die Strümpfe.

● Studierst du Sprachen?
■ Ja. Ich studiere Spanisch.

● Spielt sie Tennis?
■ Ja, das stimmt.

13. **Hören Sie die Sätze und sprechen Sie nach.**

Sie übt Physik.
Er übt für Olympia.
Die Physikbücher sind teuer.

Frau Fischer schreibt ein X und ein Y.
Die Leute hier sind sympathisch.
Viele Grüße und Küsse schickt Lydia.

14. **Sprechen Sie nach und markieren Sie die Betonung.**

Er hat ein Radio.
Einen Fernseher hat er nicht.

Sie hat ein Segelboot.
Eine Wohnung hat sie nicht.

Er braucht ein Motorrad.
Möbel braucht er nicht.

Sie sucht einen Schreibtisch.
Einen Stuhl sucht sie nicht.

Üben Sie selbst weiter:

Motorrad – Wagen
Computer – Schreibmaschine
Matratze – Bett

15. **Welche Wörter sind betont? Sprechen Sie nach und markieren Sie.**

Sie braucht keinen Computer. Aber einen Fotoapparat braucht sie.
Er braucht keinen Fernseher. Aber ein Radio braucht er.
Sie braucht keinen Geschirrspüler. Aber einen Kühlschrank braucht sie.

der Stuhl   der Koffer   der Teppich   der Spiegel   die Lampe   das Regal   das Radio
die Sonnenbrille
die Uhr   das Feuerzeug   das Bild   die Vase   der Regenschirm   die Töpfe   die Gummistiefel   der Tisch

16. Hören Sie das Gespräch und üben Sie.

● Wie findest du den Stuhl?
■ Meinst du den da?
● Ja.
■ Der ist schön.
● Kaufen wir den Stuhl?
■ Ja, den kaufen wir.

● Wie findest du …?
■ Meinst du … da?
● …

Der Stuhl **Der**		**Den** Stuhl **Den**	
Die Lampe **Die**	ist schön.	**Die** Lampe **Die**	kaufen wir.
Das Regal **Das**		**Das** Regal **Das**	
Die Töpfe **Die**	sind schön.	**Die** Töpfe **Die**	

17. Hören Sie das Gespräch und üben Sie.

● Schau mal, da ist ein Regenschirm.
  Ich brauche einen.
■ Hast du keinen Regenschirm?
● Nein, ich habe keinen.
■ Aber den finde ich nicht schön.
● Hier ist noch einer.

● Schau mal, da sind … Ich suche …
■ Hast du …?
● Nein, ich habe …
■ Aber … finde ich nicht schön.
● Hier sind noch welche.

	ein Regenschirm. **einer.** **keiner.**		**einen** Regenschirm. **einen.** **keinen.**
Da ist	**eine** Lampe. **eine.** **keine.**	Ich brauche	**eine** Lampe. **eine.** **keine.**
	ein Regal. **eins.** **keins.**		**ein** Regal. **eins.** **keins.**
Da sind	Töpfe. **welche.** **keine.**		Töpfe. **welche.** **keine.**

London
Brigitte
Kreditkarte
Monika

die Nordsee

die Ostsee

Helsinki
Inge
Autoschlüssel
Gregor

Berlin
Rudi
Kontaktlinsen
Eva

Paris
Hanna
Abendkleid
Helmut

Warschau
Udo
Wörterbuch
Otto

der Atlantik

Madrid
Sara und Jan
Schecks
Peter

Rom   Rolf
Brille
Anna

Athen
Bernard
Rasierapparat
Lydia

das Mittelmeer

der Autoschlüssel

die Kreditkarte

das Wörterbuch

die Schecks

der Rasierapparat

die Brille

das Abendkleid

die Kontaktlinsen

18. Lesen Sie das Fax. Schreiben Sie dann weitere Texte.
Sie können folgende Ausdrücke benutzen:

Hotel Exquisit
Via dei Pini
Tel.: (+390 06) 12 34 56 78
Fax: (+390 06) 87 65 43 21

Liebe Anna,

ich bin jetzt in Rom. Die Museen
sind sehr interessant und die
Restaurants sind gut. Aber es
gibt ein Problem: Meine Brille
ist weg. Zu Hause ist noch eine.
Kannst du sie bitte schicken?

Viele Grüße aus Italien

Rolf
P.S.: Vielen Dank!

| Lieber | ..., | | |
| Liebe | | | |

| ich bin jetzt | in ... | |
| jetzt bin ich | | |

Die	Museen	sind	toll.
	Restaurants		wunderbar.
	Geschäfte		interessant.
	...	...	

Aber	es gibt ein Problem:
	ich habe ein Problem:
	ein Problem habe ich:

| Mein | ... | ist | weg. |
| Meine | | sind | kaputt. |

Zu Hause	ist	noch	einer.
	sind		eine.
			eins.
			welche.

Schickst du ... bitte?
Kannst du ... bitte schicken?

| Viele | Grüße aus ... |
| Herzliche | |

1. können – müssen – wollen …

Er kann gut springen.

Sie muss springen.

Er will jetzt springen.

Man darf hier nicht springen.

Er soll springen, aber er hat Angst.

Sie möchte springen,
aber es geht nicht.

2. Was passt?

1

2

3

4

a) ▢ Sie wollen nicht tanzen. Sie möchten Tee trinken.

b) ▢ Sie dürfen hier nicht tanzen. Sie müssen draußen bleiben.

c) ▢ Sie können Pause machen. Sie müssen jetzt nicht tanzen.

d) ▢ Sie sollen nicht mehr tanzen. Der Mann will seine Ruhe haben.

	können	müssen	dürfen	wollen	sollen	möchten
ich	kann	muss	darf	will	soll	möchte
du	kannst	musst	darfst	willst	sollst	möchtest
er/sie/es/man	kann	muss	darf	will	soll	möchte
wir	können	müssen	dürfen	wollen	sollen	möchten
ihr	könnt	müsst	dürft	wollt	sollt	möchtet
sie	können	müssen	dürfen	wollen	sollen	möchten

3. Wo passen die Sätze?

1	2	3	
		X	Man kann hier schwimmen und tauchen.
			Hier darf man kein Mobiltelefon benutzen.
			Man kann hier mit Kreditkarte bezahlen.
			Hier darf man nicht fotografieren.
			Man muss hier eine Krawatte tragen.
			Man soll hier nicht laut sein.
			Hier muss man eine Bademütze tragen.
			Man darf hier Wasserball spielen.

Man **darf**				spielen.
Man **darf**			Wasserball	spielen.
Man **darf**		nicht	Wasserball	spielen.
Man **darf**	hier	nicht	Wasserball	spielen.
Hier **darf**	man	nicht	Wasserball	spielen.

4. Was ist richtig? X

Sie soll weinen.	Sie dürfen ertrinken.	Er soll nicht schießen.
X Sie muss weinen.	Sie möchten ertrinken.	Er kann nicht schießen.
Sie will weinen.	Sie sollen ertrinken.	Er möchte nicht schießen.
Sie darf weinen.	Sie können ertrinken.	Er will nicht schießen.

Ich möchte nichts mehr sollen müssen

Du sollst den Rasen nicht betreten
und am Abend sollst du beten.
Vitamine sollst du essen
und Termine nicht vergessen.

Wir sollen nicht beim Spiel betrügen
und wir sollen auch nie lügen.
Wir sollen täglich Zähne putzen
und die Kleidung nicht beschmutzen.

Kinder sollen leise sprechen,
Spiegel darf man nicht zerbrechen.
Sonntags trägt man einen Hut,
Zigaretten sind nicht gut.

Ich möchte alle Sterne kennen,
meinen Hund mal „Katze" nennen.
Nie mehr will ich Strümpfe waschen,
tausend Bonbons will ich naschen.

Ich will keine Steuern zahlen,
alle Wände bunt bemalen.
Ohne Schuhe will ich gehen,
ich will nie mehr Tränen sehen.

Ich möchte nichts mehr sollen müssen,
ich möchte einen Tiger küssen.
Ich möchte alles dürfen wollen,
alles können – nichts mehr sollen.

Greta Amelungen

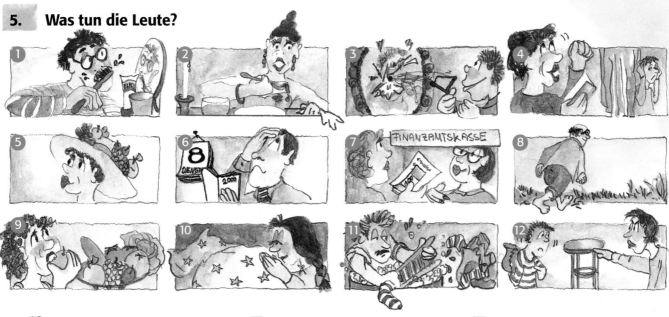

5. Was tun die Leute?

a) **12** Er lügt.

b) ☐ Sie beschmutzt ihr Abendkleid.

c) ☐ Er geht ohne Schuhe.

d) ☐ Sie betet.

e) ☐ Er putzt seine Zähne.

f) ☐ Sie zahlt ihre Steuern.

g) ☐ Sie isst Vitamine.

h) ☐ Er vergisst Termine.

i) ☐ Sie spricht laut.

j) ☐ Er zerbricht einen Spiegel.

k) ☐ Sie trägt einen Hut.

l) ☐ Er wäscht seine Strümpfe.

6. Eine Kontaktanzeige

a) Lesen Sie die Anzeige.

Er sucht sie

Ich putze nie meine Schuhe und wasche nie mein Auto. Ich esse immer nur Hamburger und Pizza und trage nie eine Krawatte. Ich vergesse alle Geburtstage, spreche sehr laut und zerbreche dauernd meine Brillen. Ich sehe gern Horrorfilme, bemale gern Toilettenwände und betrete nie ein Museum. Aber ich rauche nicht, trinke nicht und kann Gitarre spielen. Und ich kann sehr lieb sein.   Chiffre: 57 ZA 105.

b) Was macht er immer / dauernd / nie ...?

Er putzt nie seine Schuhe und wäscht nie sein Auto. Er ...

	essen	vergessen	betreten	sprechen	zerbrechen	sehen	tragen	waschen
ich	esse	vergesse	betrete	spreche	zerbreche	sehe	trage	wasche
du	**isst**	ver**gisst**	be**trittst**	sprichst	zerbrichst	siehst	trägst	wäschst
er/sie/es/man	**isst**	ver**gisst**	be**tritt**	spricht	zerbricht	sieht	trägt	wäscht
wir	essen	vergessen	betreten	sprechen	zerbrechen	sehen	tragen	waschen
ihr	esst	vergesst	betretet	sprecht	zerbrecht	seht	tragt	wascht
sie/Sie	essen	vergessen	betreten	sprechen	zerbrechen	sehen	tragen	waschen

7. Probleme, Probleme ...

Welcher Text passt? Lesen Sie erst die Texte und hören Sie dann die Gespräche.

a)

☐ Gerda kann nicht schlafen. Peter liest ein Buch. Peter soll das Licht ausmachen. Gerda macht das Licht aus.

☐ Gerda schläft noch nicht, aber sie ist müde. Peter möchte ein Buch lesen. Gerda soll das Licht anmachen. Gerda macht das Licht an.

b)

☐ Herr M. soll den Fernseher ausschalten; seine Frau möchte in Ruhe essen. Aber Herr M. will einen Film sehen. Er schaltet den Fernseher nicht aus.

☐ Herr M. soll den Fernseher einschalten; seine Frau will einen Film sehen. Aber Herr M. möchte in Ruhe essen. Frau M. schaltet den Fernseher ein. Herr M. schaltet den Fernseher wieder aus.

c)

☐ Susanne macht das Fenster auf. Eric macht das Fenster zu. Der Lehrer kommt. Eric soll das Fenster wieder aufmachen.

☐ Susanne macht das Fenster zu. Eric macht das Fenster auf. Der Lehrer kommt. Eric soll das Fenster wieder zumachen.

	lesen	schlafen
ich	lese	schlafe
du	liest	schläfst
er/sie/es/man	liest	schläft
wir	lesen	schlafen
ihr	lest	schlaft
sie/Sie	lesen	schlafen

Er	soll	das Fenster	aufmachen.
Er	macht	das Fenster	auf.
Er	soll	das Fenster	zumachen.
Er	macht	das Fenster	zu.

8. Im Auto. Was ist richtig? ✗

a) ▢ Das Kind möchte langsam fahren.
b) ▢ Das Kind möchte ganz schnell fahren.
c) ▢ Die Frau darf nur 50 fahren.
d) ▢ Die Frau darf nur 80 fahren.
e) ▢ Der Porsche kann 200 fahren.
f) ▢ Der Porsche kann nur 100 fahren.
g) ▢ Die Frau fährt 130.
h) ▢ Die Frau fährt 200.

	fahren
ich	fahre
du	**fährst**
er/sie/es/man	**fährt**
wir	fahren
ihr	fahrt
sie/Sie	fahren

9. Emil im Bett. Was ist richtig? ✗

a) ▢ Emil soll aufwachen.
  ▢ Emil wacht nicht auf.

b) ▢ Emil steht auf.
  ▢ Emil soll aufstehen.

c) ▢ Emil muss nicht arbeiten.
  ▢ Emil darf nicht arbeiten.

d) ▢ Emil kann weiterschlafen.
  ▢ Emil muss weiterschlafen.

10. Babysitter. Ergänzen Sie den Text.

a) Der Bruder _____ nicht kommen.
  Er _____.

b) Das Mädchen _____ nicht kommen.
  Es _____.

c) Die Mutter _____ nicht kommen.
  Sie _____

will schlafen   hat keine Lust
darf   will
  hat keine Zeit
  kann
  hat Besuch   will arbeiten
soll schlafen   soll Klavier üben
  muss Tennis spielen
muss arbeiten

11. Florian. Hören Sie das Gespräch. Was ist richtig? ✗

a) ▢ Frau Wolf fragt: „Warum sagt Florian nicht
  ‚Guten Tag'?"
  Die Mutter sagt: „Er kann nicht sprechen."
b) ▢ Frau Wolf fragt: „Warum will Florian nicht
  sprechen?"
  Die Mutter sagt: „Ich weiß es nicht."
c) ▢ Die Mutter fragt: „Florian, warum sprichst
  du nicht?"
  Florian sagt: „Ich will nicht."

	wissen
ich	**weiß**
du	**weißt**
er/sie/es/man	**weiß**
wir	wissen
ihr	wisst
sie/Sie	wissen

12. **Hören Sie und sprechen Sie nach. Markieren Sie die Betonung.**

tauchen	Der Delfin taucht.
weitertauchen	Er taucht weiter.
auftauchen	Er taucht auf.
eintauchen	Er taucht ein.

schlafen	Die Katze schläft.
weiterschlafen	Sie schläft weiter.
aufwachen	Sie wacht auf.
aufstehen	Sie steht auf.

sprechen	Der Papagei spricht.
nachsprechen	Er spricht das Wort nach.
weitersprechen	Er spricht weiter.

13. **Sprechen Sie nach. Achten Sie auf „ch".**

Das ist Jochen. Er kann kochen.
Das ist Jochen. Er möchte kochen.
Er sucht das Buch. Er braucht ein Taschentuch.
Was braucht er noch? Er braucht einen Topf.
Jochen ist glücklich. Die Kartoffeln sind gerade richtig.
Jochen isst acht. Das Krokodil lacht.
Die Schlange wacht auf. Die Spinne auch.
Jochen, du brauchst Licht. Siehst du die Schlange nicht?

14. **Sprechen Sie nach.**

- ● Schläfst du nicht? ■ Nein, ich schlafe nicht.
- ● Liest du? ■ Nein, ich lese nicht.
- ● Isst du? ■ Nein, ich esse nicht.
- ● Sprichst du Spanisch? ■ Nein, ich spreche Italienisch.
- ● Naschst du? ■ Nein, ich nasche nicht.

- ● Schlaft ihr nicht? ▲ Nein, wir schlafen nicht.
- ● Lest ihr? ▲ Nein, wir lesen nicht.
- ● Esst ihr? ▲ Nein, wir essen nicht.
- ● Sprecht ihr zusammen? ▲ Ja, wir sprechen zusammen.
- ● Nascht ihr? ▲ Nein, wir naschen nicht.

15. Hören Sie die Gespräche.

Gespräch b)

- ● Können wir mal wieder zusammen Tennis spielen?
- ■ Ja, warum nicht?
- ● Prima. Haben Sie am Sonntag Zeit?
- ■ Ja, am Sonntag kann ich.
- ● Sehr gut. Passt Ihnen 10 Uhr?
- ■ Ja, einverstanden.
- ● Also dann bis Sonntag.
- ■ Bis dann!

Gespräch a)

- ● Wollen wir zusammen lernen? Hast du Lust?
- ■ Ja, gute Idee! Wann hast du Zeit?
- ● Morgen. Geht das?
- ■ Tut mir Leid. Morgen kann ich nicht.
- ● Und übermorgen?
- ■ Ja, das geht. Übermorgen habe ich Zeit.

16. Variieren Sie die Gespräche. Sie können die folgenden Ausdrücke verwenden:

Wollen/Können wir mal wieder zusammen	lernen?	Ja, gern.	Wann geht es denn?
	reiten?	Ja, gute Idee.	Wann hast du denn Zeit?
	surfen?	Ja, gut.	Wann haben Sie denn Zeit?
	Fahrrad fahren?	Ja, warum nicht?	Wann kannst du denn?
	Ski fahren?		Wann können Sie denn?
	Tischtennis spielen?		
	Federball spielen?		
	Gitarre spielen?		
	Schach spielen?		

Sonntag	kann ich gut. Und du?	Ja, da kann ich auch gut.	Wann denn?
Montag	kann ich gut. Und Sie?	Ja, Sonntag geht es gut.	Um wie viel Uhr?
...			

Um 9 Uhr. Einverstanden?

Ja, bis dann!

Ja, gut.
Okay.
Also bis Sonntag!

17. **Hören Sie zu und schreiben Sie.**

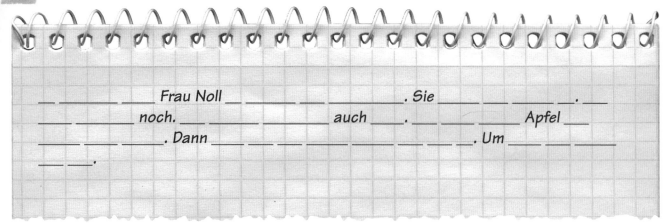

_____ Frau Noll _____. Sie _____.

_____ _____ noch. _____ auch ___. _____ Apfel ___

_____. Dann _____. Um _____

__ ___.

18. **Welcher Text passt zu welchem Bild?**

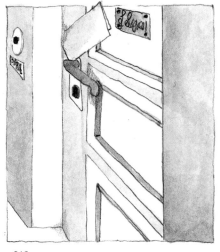

[1]

[2]

[3]

Hallo Jochen,

ich komme heute Abend
um 7 Uhr nach Hause.
Dann gehen wir essen. Okay?
Kannst du bitte die Waschmaschine
ausschalten?

PS: Der Fernseher ist kaputt!
    Der Kundendienst kommt morgen.

Kuss Sabine

Liebe Frau Hoffmann,
ich muss dringend nach Hamburg
fahren. Können Sie bitte meine
Frau anrufen?
Bitte nicht vergessen: Sie müssen
das Büro abschließen.

Bis morgen
B. Z.

Hallo Clara und Paula,

ihr seid nicht da – schade!

Wollen wir mal wieder zusammen
schwimmen gehen?

Habt ihr morgen Zeit?

Bis dann

Marc

(Meine Telefonnummer wisst ihr ja.
Ich bin heute Abend zu Hause.)

Bild Nr. ▓   Bild Nr. ▓   Bild Nr. ▓

19. Schreiben Sie Notizzettel.

a) Eva schreibt eine Nachricht für Peter. Sie kommt um 20 Uhr nach Hause. Dann will sie einen Fernsehfilm sehen. Peter soll die Fenster zumachen.
PS Eva kann ihre Schlüssel nicht finden. Peter soll sie suchen.

Lieber Peter,

_____

_____

_____

_____

Gruß und Kuss
Deine Eva

PS _____

b) Vera schreibt einen Zettel für Anna und Uta. Sie sind nicht zu Hause. Vera möchte surfen gehen. Anna und Uta sollen mitkommen. Vera hat am Wochenende Zeit. Ihre Telefonnummer ist 667321. Vera ist morgen zu Hause.

Hallo Anna und Uta,

_____

_____

_____

_____

Tschüs
Vera

c) Frau Meyer (Chefin) schreibt eine Notiz für ihren Mitarbeiter. Sie muss nach London fliegen. Herr Brösel soll alle Termine absagen und die Anrufe notieren. Frau Meyer ist am Montag wieder zurück.

Lieber Herr Brösel,

_____

_____

_____

_____

Bis dann
C M

1. Wo sitzt/liegt …?

1 Der Wurm sitzt auf dem Turm.   der Turm

2 Die Mücke sitzt auf der Brücke.   die Brücke

3 Die Maus sitzt auf dem Haus.   das Haus

4 Die Tauben sitzen auf den Häusern.   die Häuser

5 Der Fisch liegt unter dem Tisch.   der Tisch

6 Die Flasche liegt unter _____ .   die Tasche

7 Das Mofa liegt unter _____ .   das Sofa

8 Die Katzen liegen unter _____ .   die Matratzen

2. Wo steht …?

Ergänzen Sie und notieren Sie die Nummer.

12 Der Igel steht vor _____ Spiegel.

   Der Polizist steht hinter _____ Baum.

   Die Laterne steht neben _____ Bäckerei.

   Der Hund steht zwischen _____ Koffern.

Nominativ		wo? → Dativ
der Turm		auf **dem** Turm.
die Brücke		auf **der** Brücke.
das Haus	Die Tauben sitzen	auf **dem** Haus.
die Häuser		auf **den** Häusern.
die Autos		auf **den** Autos.

3. Wohin setzt das Kind den Topf? Notieren Sie die Nummer.

▢ Das Kind setzt den Topf auf den Kopf.
▢ Der Camper legt das Geld unter das Zelt.
▢ Der Buchhändler stellt die Bücher vor das Geschäft.

▢ Der Junge legt den Ball hinter den Stall.
▢ Der Kellner stellt den Kaffee neben den Tee.
▢ Die Maler stellen die Leiter zwischen die Häuser.

4. Wohin legt der Verkäufer den Fisch? Notieren Sie die Nummer und ergänzen Sie.

▢ Der Verkäufer legt den Fisch …
▢ Die Maus bringt den Käse …
▢ Die Kinder werfen die Bälle …
▢ Das Kind wirft die Mütze …
▢ Der Pfarrer stellt die Bank …
▢ Das Mädchen setzt die Puppe …
▢ Der Kellner legt das Messer …
▢ Die Mutter setzt das Kind …
▢ Der Briefträger stellt das Fahrrad …
▢ Der Mann hängt das Bild …

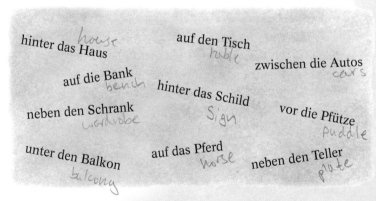

hinter das Haus *house*
auf die Bank *bench*
neben den Schrank *wardrobe*
unter den Balkon *balcony*
auf den Tisch *table*
hinter das Schild *sign*
auf das Pferd *horse*
zwischen die Autos *cars*
vor die Pfütze *puddle*
neben den Teller *plate*

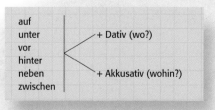

auf
unter
vor
hinter
neben
zwischen

⟨ + Dativ (wo?)
+ Akkusativ (wohin?)

Nominativ		wohin? → Akkusativ
der Tisch		auf **den** Tisch.
die Bank	Die Kinder setzen die Puppen	auf **die** Bank.
das Pferd		auf **das** Pferd.
die Autos		auf **die** Autos.

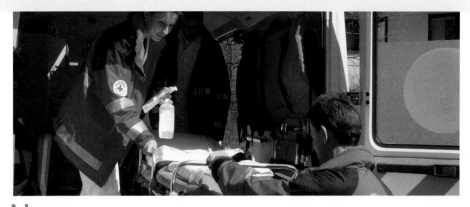

Notarztwagen: Lebensretter im Dienst

Ein Bericht von Bruno Benz

Tod oder Leben – manchmal entscheiden Sekunden

Hafenkrankenhaus Hamburg. In der Notaufnahme klingelt das Telefon. Die Uhr über der Tür zeigt 8:24. Zehn Sekunden später reißen die Notärztin und zwei Sanitäter ihre Jacken vom Haken und rennen zum Notarztwagen. Der steht vor dem Eingang. Türen zu, Blaulicht und Sirene an und los.
Die Ärztin sitzt vorne neben dem Fahrer und dem Krankenpfleger. Alle drei schauen konzentriert auf den Verkehr. Einige Autofahrer machen die Straße nicht frei. Der Fahrer schimpft.

8:35 Uhr. Hamburger Hafen. Der Rettungswagen muss vor einem Tor halten. Ein Mann in Uniform macht es auf und ruft: „Schnell, schnell! Da hinten bei dem Kran ist es!" Der Wagen fährt weiter und hält am Unfallort. Die Ärztin springt aus dem Auto, aber sie kann noch nichts tun. Ein Personenwagen, ein Golf, liegt unter einem Container. Zwei Feuerwehrmänner brechen die Tür auf. Der Fahrer blutet am Kopf, am Arm und an den Händen. Er zeigt keine Reaktion. Sekunden sind jetzt wichtig.

8:39 Uhr. Geschafft. Die Tür ist auf. Die Ärztin schiebt die Leute zur Seite und läuft zu dem Unfallopfer. Sie untersucht den Mann, er atmet schwach. Die Sanitäter heben ihn auf eine Trage. „Vorsicht, nicht auf die Brust drücken," sagt die Ärztin. Die beiden Männer schieben die Trage in den Notarztwagen. „Sauerstoff, schnell!" Der Krankenpfleger legt dem Opfer eine Atemmaske auf das Gesicht.

8:46 Uhr. Autobahn. Tempo 100. Das Rettungsteam fährt mit dem Unfallopfer zum Krankenhaus zurück. Der Mann auf der Trage hat Schmerzen und stöhnt. Schon fahren sie über die Elbe.

8:59 Uhr. Notaufnahme: Die Sanitäter warten bereits und heben das Unfallopfer aus dem Wagen. Die Ärztin steigt aus und sagt nur kurz: „Rippenbrüche und Schock."

Der Einsatz ist zu Ende. 35 Minuten. Wann kommt der nächste Anruf von der Zentrale? Das weiß niemand. Die Notärztin heißt Hildegard Becker. Sie ist 28 Jahre alt, verheiratet, Kinder hat sie nicht. Sie arbeitet im Hafenkrankenhaus. Der Rettungsdienst ist hart. „Ich liebe meinen Beruf", sagt sie, „aber der Job geht echt unter die Haut. Nicht immer geht es so gut wie heute. Manchmal kommen wir zu spät."

5. Was passt zusammen?

a) Nach dem Telefonanruf **4**
b) Sie fährt mit den beiden Sanitätern ▢
c) Blaulicht und Sirene sind an, ▢
d) Am Unfallort liegt ein Golf ▢
e) Die Ärztin muss warten, ▢
f) Der Sanitäter gibt dem Golffahrer Sauerstoff, ▢
g) Um 8.59 Uhr kommt der Notarztwagen ▢

1. denn die Feuerwehrmänner müssen erst die Tür aufbrechen.
2. unter einem Container.
3. im Krankenhaus an.
4. rennt Frau Dr. Becker zum Notarztwagen.
5. aber der Fahrer hat Probleme mit dem Verkehr.
6. zum Hamburger Hafen.
7. denn er atmet nur noch schwach.

> um 8.59 Uhr = um acht Uhr neunundfünfzig
> um 20.59 Uhr = um zwanzig Uhr neunundfünfzig

6. Welche Antwort passt?

a) Wo klingelt das Telefon? **3**
b) Wo steht der Notarztwagen? ▢
c) Wo sitzt die Ärztin? ▢
d) Wohin schauen die Ärztin und die Sanitäter? ▢
e) Wo liegt der Golf? ▢
f) Wohin heben die Sanitäter das Unfallopfer? ▢
g) Wohin legt der Pfleger die Atemmaske? ▢
h) Wohin fährt der Notarztwagen mit Tempo 100? ▢

1. Unter einem Container.
2. Neben dem Fahrer.
3. In der Notaufnahme.
4. Zum Krankenhaus.
5. Vor dem Eingang.
6. Auf den Verkehr.
7. Auf eine Trage.
8. Auf das Gesicht.

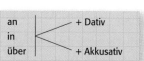

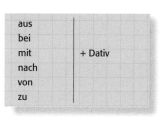

7. Ergänzen Sie die Sätze.

a) Die Sanitäter reißen ihre Jacken _____.
b) Der Unfallort ist _____.
c) Der Notarztwagen hält _____.
d) Am Unfallort springt die Ärztin _____.
e) Die Ärztin schiebt die Leute _____.
f) Frau Dr. Becker arbeitet _____.

> zur Seite
> im Hafenkrankenhaus
> bei einem Kran
> vom Haken
> aus dem Notarztwagen
> am Unfallort

am	= an dem	beim	= bei dem
ans	= an das	vom	= von dem
im	= in dem	zum	= zu dem
ins	= in das	zur	= zu der

8. Wo ist meine Kreditkarte?

Hören Sie das Gespräch. Was ist richtig? ✗

a) ☐ Helga steht unter der Dusche.
☐ Helga sitzt in der Badewanne.

b) ☐ Die Handtasche steht im Regal.
☐ Die Handtasche liegt auf dem Küchentisch.

c) ☐ Die Jacke hängt im Schrank.
☐ Die Jacke liegt im Schlafzimmer auf dem Bett.

d) ☐ Herbert findet seine Kreditkarte auf
dem Schreibtisch.
☐ Herbert fährt zur Bank.

9. Die Gäste kommen bald.

Hören Sie das Gespräch.
Was macht Werner? Ergänzen Sie die Sätze.

a) Werner hängt das Bild _____.

b) Er legt die Leiter _____.

c) Er holt das Mineralwasser _____.

d) Er stellt die Stühle _____.

e) Er nimmt die Vase _____.

f) Er stellt die Blumen _____.

g) Er hängt den Mantel _____.

h) Er setzt den Papagei _____.

i) Er legt die Gitarre _____.

j) Er holt den Wein _____.

in den Schrank   aus dem Keller   auf den Balkon

in den Käfig   vom Balkon   an die Wand

ins Schlafzimmer   aus dem Regal

auf den Tisch   an den Tisch

	nehmen
ich	nehme
du	**nimmst**
er/sie/es/man	**nimmt**
wir	nehmen
ihr	nehmt
sie/Sie	nehmen

10. Eine Fahrt mit dem Taxi

a) Hören Sie das Gespräch. Wohin fährt das Taxi? Ordnen Sie die Stationen mit den Nummern 1 bis 5.

b) Lesen Sie die Sätze. Hören Sie das Gespräch noch einmal und ordnen Sie die Sätze.

1 Die Frau steigt am Bahnhof in ein Taxi.
◻ Der Taxifahrer will nicht weiterfahren und die Frau rennt weg.
◻ Die Frau holt ihre Brille aus dem Bahnhofscafé.
◻ Das Taxi hält vor dem Blumenladen in der Luisenstraße.
◻ Der Taxifahrer soll vom Bahnhof zum Flughafen fahren.
◻ Der Taxifahrer fährt vom Blumenladen zur Commerzbank.
◻ Die Frau will von der Bank zum Flughafen.
2 Das Taxi fährt vom Museumsplatz zurück zum Bahnhof.
◻ Die Frau kann keine Blumen kaufen, denn sie hat zu wenig Geld.
◻ Das Taxi fährt zur Luisenstraße.

11. Was passiert hier?

a) Hören Sie die fünf Gespräche.

b) Welches Gespräch passt zu welchem Satz?

◻ Er fährt gegen den Baum.
◻ Er reitet durch den Wald.
◻ Er bekommt eine Wurst für seinen Hund.
◻ Er schläft nicht ohne seinen Teddy.
◻ Die Einbrecher gehen um das Haus.

durch	
für	
gegen	+ Akkusativ
ohne	
um	

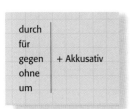

12. Verben ...

a) Hören Sie zu und ergänzen Sie **e**, **eh**, **ell**, **i** oder **ie**.

1.
Lisa s ____ tzt mit einer Pizza im Kinderzimmer.
Lisa s ____ tzt die Puppe vor den Fernseher.
Im Kinderzimmer l ____ gt ein Gummistiefel von Lisa.
Lisa l ____ gt das Kamel ins Regal.
Der Fernseher st ____ t neben dem Schreibtisch.
Lisa st ____ t schnell den Teller in den Schrank.

2.
Ein Mann l ____ gt den Regenschirm neben den Koffer.
Ein Brief l ____ gt vor dem Spiegel.
Ein Mann st ____ t im Regen.
Er s ____ tzt seinen Hut auf den Kopf.
Ein Kind l ____ gt im Bett und liest.
Ein Mädchen l ____ gt das Telefonbuch auf den Teppich.
Ein Kellner st ____ t einen Teller auf den Tisch.
Eine Katze s ____ tzt vor dem Fenster.

b) Kontrollieren Sie und sprechen Sie nach.

13. Präpositionen und Artikel ...

a) Ergänzen Sie **m** oder **n**.

1. Frau Mohn macht mit ihre___ Mann Michael eine Reise.
   Sie sucht i___ Koffer die Krawatte für ihre___ Mann.

2. Die Jungen möchten mit de___ Mädchen Musik machen.
   Die Mädchen möchten aber a___ Computer spielen.

3. Frau Nolte hängt Bilder a___ die Wand.
   Ein Bild hängt schon a___ Nagel.
   Sie legt noch einen Nagel neben de___ Hammer.
   Ihr Hund mit de___ Namen Max kommt ins Zimmer.
   Sie nimmt für ihn eine___ Hamburger aus de___ Kühlschrank.
   Auf der Straße gibt es eine___ Unfall.
   Zwei Wagen fahren gegen eine___ Baum.
   Frau Nolte geht mit Max auf de___ Balkon.
   Sie schreibt die Autonummern auf eine___ Notizzettel.

b) Hören Sie zu, kontrollieren Sie und sprechen Sie nach.

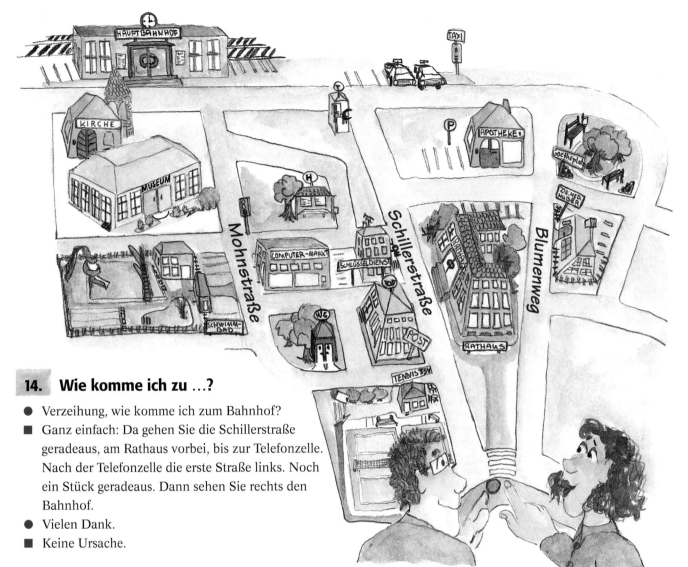

14. Wie komme ich zu …?

● Verzeihung, wie komme ich zum Bahnhof?

■ Ganz einfach: Da gehen Sie die Schillerstraße
geradeaus, am Rathaus vorbei, bis zur Telefonzelle.
Nach der Telefonzelle die erste Straße links. Noch
ein Stück geradeaus. Dann sehen Sie rechts den
Bahnhof.

● Vielen Dank.

■ Keine Ursache.

15. Variieren Sie das Gespräch. Sie können folgende Ausdrücke benutzen:

Wie komme ich	zum	…?	Gehen Sie hier	geradeaus	bis zum	…
	zur			rechts	bis zur	
				links	an … vorbei.	
Gibt es hier	einen	…?				
	eine		Nehmen Sie	die	erste	Straße rechts.
	ein				zweite	Straße links.

1. der Bahnhof
2. der Taxistand
3. die Apotheke
4. die Post
5. das Schwimmbad

6. das Museum
7. der Goetheplatz
8. der Tennisplatz
9. die Arztpraxis
10. die Bushaltestelle

11. das Rathaus
12. das Computergeschäft
13. der Blumenweg
14. die Mohnstraße
15. die Kirche

16. die Telefonzelle
17. die Toilette

der **erste** Weg	der/die/das	**vierte** …
die **zweite** Straße		**fünfte** …
das **dritte** Haus		**zehnte** …

16. **Hören Sie zu und schreiben Sie.**

____ Schneider _____ _____ . Aber ____ ___ _____ __ _____ .
__ __ _____ __ _____ Tisch. _____ ___ Regal _____ _____ ____ . __ ___ ____
__ ___ Schrank. ____ ____ ___ ___ Kinderzimmer __ ____ ____ ___ .
Herr _____ ___ ____ . __ ____ ___ ___ Fernseher.

17. **Eine Einladung**

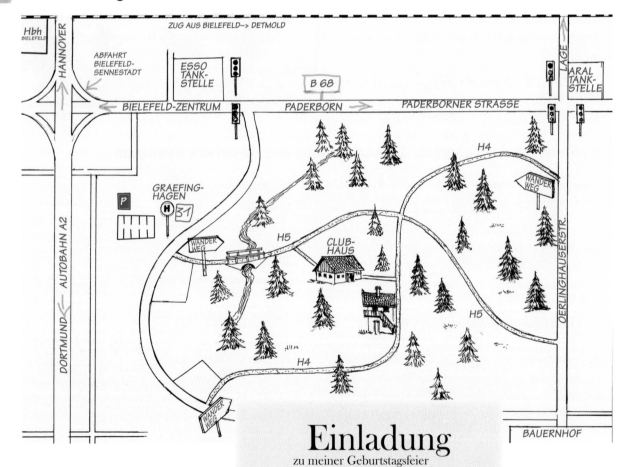

Einladung
zu meiner Geburtstagsfeier

Wann?
Sonntag, 22. August ab 18.30 Uhr

Wo?
Im Clubhaus „Waldfreunde", Sennestadt

Liebe Rita, lieber Jörg,

ich möchte meinen Geburtstag diesmal im Wald feiern. Hoffentlich könnt ihr kommen! Hier ist eine Wegbeschreibung zum Clubhaus:

Ihr nehmt die Autobahn-Abfahrt Bielefeld-Sennestadt und biegt links ab auf die Bundesstraße 68 in Richtung Paderborn.

Dann fahrt ihr ungefähr einen Kilometer geradeaus.

An der Ampel biegt ihr rechts ab und fahrt weiter bis zur Bushaltestelle.

Links hinter der Bushaltestelle ist ein Parkplatz. Da könnt ihr euer Auto abstellen; zum Clubhaus muss man zu Fuß gehen.

Ihr geht den Wanderweg H5 durch den Wald bis zu einer Brücke.

Hinter der Brücke biegt ihr rechts ab und kommt in ein paar Minuten am Clubhaus an.

Viele Grüße
Euer Eberhard

Lieber Carlo,

ich möchte …

Du fährst mit dem Zug bis Bielefeld-Hauptbahnhof.

Dann nimmst du den Bus Linie 31 in Richtung Oerlinghausen.

An der Haltestelle „Gräfinghagen" steigst du aus.

Dann …

a) Schauen Sie auf die Karte: Aus welcher Richtung kommen Rita und Jörg?

☐ Dortmund   ☐ Hannover   ☐ Paderborn   ☐ Detmold

b) Schreiben Sie die Wegbeschreibung für Carlo zu Ende.

18. **Beschreiben Sie den Weg zum Clubhaus „Waldfreunde" für …**

Name	kommt/kommen …	aus Richtung …
Hannes	mit dem Auto	Bielefeld-Zentrum
Wilma und Fred	mit dem Motorrad	Dortmund
Sylvia	mit dem Auto	Paderborn
Herr und Frau Gessmann	mit dem Zug	Detmold
Eva	mit dem Fahrrad	Lage

Sie können die folgenden Ausdrücke verwenden:

an	dem	Ampel	rechts	nehmen
vor	der	Abfahrt	links	fahren
hinter	dem	Bauernhof	geradeaus	weiterfahren
bis zu		Brücke	durch den Wald	gehen
		Haltestelle	über die Bundesstraße	weitergehen
		Kreuzung		abbiegen
		Kurve		umsteigen
		Schild		aussteigen
		Tankstelle		ankommen

1. Was machen die Personen? Was haben die Personen gemacht?

a) Er duscht.

b) Er hat geduscht.

c) _____

d) Er hat den Wagen ge-waschen.

e) _____

f) _____

g) Sie streicht die Wand an.

h) _____

i) _____

j) Sie hat aufgeräumt.

k) _____

l) _____

m) _____

n) _____

o) Er weint.

p) _____

q) _____

r) Er hat das Licht ausgemacht.

s) _____

t) _____

Sie räumt auf.   Er hat Kakao getrunken.   Sie hat den Ball geworfen.

Sie wirft den Ball.

Er hat gelesen.   Er macht das Licht aus.   Sie hat die Wand angestrichen.

Sie hat geschossen.   Er liest.   Er trinkt Kakao.

Sie schießt.   Er wäscht den Wagen.   Er hat geweint.

Präsens	Perfekt
Er duscht.	Er **hat ge**duscht.
Er liest.	Er **hat ge**lesen.
Er streicht an.	Er **hat** an**ge**strichen.

2. Was passt?

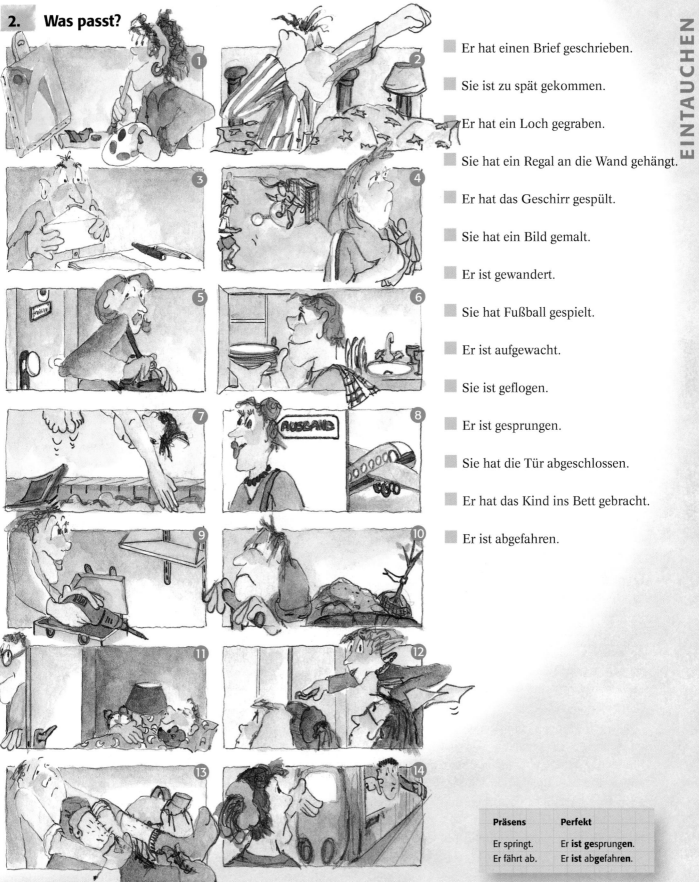

Er hat einen Brief geschrieben.

Sie ist zu spät gekommen.

Er hat ein Loch gegraben.

Sie hat ein Regal an die Wand gehängt.

Er hat das Geschirr gespült.

Sie hat ein Bild gemalt.

Er ist gewandert.

Sie hat Fußball gespielt.

Er ist aufgewacht.

Sie ist geflogen.

Er ist gesprungen.

Sie hat die Tür abgeschlossen.

Er hat das Kind ins Bett gebracht.

Er ist abgefahren.

Präsens	Perfekt
Er springt.	Er **ist gesprungen**.
Er fährt ab.	Er **ist** ab**gefahren**.

▪Mein Alltag

Eine Serie von Gerda Melzer

Wer soll denn die Kühe melken?

Morgens lange schlafen, ein Wochenende mal nicht arbeiten, eine Reise machen: Das können Herr und Frau Renken nicht. Wer soll denn dann die Kühe melken?

Ich bin zu Gast auf dem Bauernhof, bei Familie Renken in der Nähe von Oldenburg. Es ist halb acht abends, wir sitzen um den Tisch – Feierabend. „Wie war denn der Arbeitstag?" frage ich. „Lang, wie gewöhnlich", antwortet Gerd Renken, der Bauer. Das Leben auf dem Bauernhof ist heute nicht mehr so hart wie vor dreißig Jahren. Doch immer noch beginnt der Tag früh für einen Landwirt. Er muss früh aufstehen, auch samstags und sonntags.

„Da schlafen die Kühe nicht extra bis acht," weiß Herr Renken. „Heute Morgen um Viertel nach vier, da sind meine Frau und ich aufgestanden. Wir haben eine Tasse Kaffee getrunken und sind dann in den Stall gegangen." Täglich müssen die Renkens 56 Kühe melken. Sie schaffen das jetzt in einer Stunde, mit der Melkmaschine. Früher hatten sie keine und die Arbeit war sehr anstrengend.

„Da haben wir noch mit der Hand gemolken", sagt Herr Renken. „Das hat Stunden gedauert, aber meine Eltern haben noch geholfen. Mein Vater ist aber vor vier Jahren gestorben und meine Mutter ist jetzt zu alt."
Herr und Frau Renken haben drei Kinder: Wibke (12) und Imke (15) gehen noch zur Schule. Enno, der Sohn, ist 22 und studiert Jura in Münster. So

ist er selten zu Hause, die Eltern machen die Arbeit alleine.
„Um Viertel vor sieben," erzählt Frau Renken, „hab' ich heute die Mädchen geweckt, dann die Kühe auf die Weide gebracht. Um sieben Uhr morgens haben wir wie immer zusammen gefrühstückt. Die Mädchen sind dann um halb acht zur Bushaltestelle gegangen. Am Vormittag hab' ich die

Hühner und die Schweine gefüttert, die Wohnung geputzt und aufgeräumt. Und dann die Wäsche: Ich hab' die Waschmaschine gefüllt. Da hab' ich plötzlich „miau" gehört. Zum Glück war der Schalter noch auf „Aus". Ich hab' die Katze natürlich sofort aus der Maschine genommen."
Herr Renken macht nach dem Frühstück den Stall sauber und arbeitet dann draußen. „Nach der Stallarbeit repariere ich die Maschinen. Immer muss man da was in Ordnung bringen, und dann kommt die Arbeit auf dem Feld."

Um zwei sind die Mädchen aus der Schule zurück, die Renkens essen zu Mittag. Nach dem Mittagessen schläft Herr Renken normalerweise eine Stunde.

„Heute hab' ich nur eine halbe Stunde geschlafen. Wir hatten viel zu tun. Meine Frau hat am Nachmittag im Garten gearbeitet, und ich war draußen auf dem Feld. Um Vier haben wir Tee getrunken. Danach bin ich kurz im Hühnerstall gewesen. Aber von unseren zehn Hühnern war keins mehr da. Im Zaun war ein Loch. Wir haben sie sofort gesucht und, zum Glück, alle wieder gefunden. Zehn für uns, keins für den Fuchs! Um halb sechs habe ich dann mit den Mädchen die Kühe von der Weide geholt."
Abends melken die Renkens wieder und gegen sieben sind sie meistens fertig. Frau Renken macht das Abendbrot. „Für heute ist Feierabend," sagt ihr Mann und lächelt. „Oft mache ich abends aber noch Büroarbeit am Computer. Und meine Frau bügelt oder näht. Später sehen wir fern, aber dabei schlafe ich fast immer im Sessel ein." „Heute bestimmt nicht", meint Frau Renken. „Heute kommt Fußball." – „Erst mal sehen", sagt der Bauer. „Vielleicht spielt Bayern München gut – dann bleib' ich bestimmt wach bis zum Ende."

3. Richtig (r) oder falsch (f)?

a) **f** Sonntags stehen die Kühe nicht auf.

b) ☐ Landwirte müssen ihren Arbeitstag früh am Morgen anfangen.

c) ☐ Früher hatten die Renkens keine Melkmaschine.

d) ☐ Großvater und Großmutter Renken arbeiten noch mit.

e) ☐ Herr und Frau Renken haben einen Sohn und zwei Töchter.

f) ☐ Enno kommt täglich um zwei zum Mittagessen zu seinen Eltern.

g) ☐ Um halb acht hat Frau Renken die Mädchen zum Bus gebracht.

h) ☐ Nach dem Frühstück hat sie die Hühner gefüttert und die Katze gewaschen.

i) ☐ In der Waschmaschine war eine Katze.

j) ☐ Die Maschinen repariert Familie Renken zusammen.

k) ☐ Herr Renken hält gewöhnlich eine Stunde Mittagsschlaf.

l) ☐ Zehn Hühner sind weggelaufen und der Fuchs hat eins geholt.

m) ☐ Mit seinen Töchtern hat der Bauer die Kühe von der Weide geholt.

n) ☐ Bei der Büroarbeit schlafen die Renkens gewöhnlich ein.

o) ☐ Die Journalistin Gerda Melzer hat Familie Renken besucht.

> die Renkens = Familie Renken

4. Gerda Melzer hat ein Interview gemacht. Was haben die Renkens geantwortet?

a) Um wie viel Uhr sind Sie heute aufgestanden? **3**

b) Wie haben Sie früher gemolken? ☐

c) Haben Sie heute nach dem Mittagessen geschlafen? ☐

d) Haben Sie heute Morgen auch gewaschen? ☐

e) Was ist heute Nachmittag im Hühnerstall passiert? ☐

f) Was haben Sie heute Vormittag gemacht? ☐

g) Helfen Ihre Eltern noch im Kuhstall? ☐

h) Sie melken täglich. Wie lange dauert das? ☐

i) Ist Ihr Mann abends auch müde? ☐

j) Wie viele Stunden hat Ihr Arbeitstag? ☐

1. Mit der Hand, zusammen mit den Eltern.
2. Ja, und dabei habe ich die Katze in der Waschmaschine gefunden.
3. Frühmorgens, um Viertel nach vier.
4. Ein Loch war im Zaun, die Hühner sind weggelaufen.
5. Eine halbe Stunde habe ich Mittagsschlaf gemacht.
6. Ich habe Hausarbeit gemacht, Gerd war draußen.
7. Nein, heute melken wir mit der Melkmaschine.
8. Natürlich. Meistens schläft er vor dem Fernseher ein.
9. Normalerweise arbeiten wir 15 Stunden.
10. Eine Stunde morgens und eine abends.

Wann? / Um wie viel Uhr?

um 7.00 Uhr / 19.00 Uhr = Um sieben.
um 7.15 Uhr / 19.15 Uhr = Um Viertel nach sieben.
um 7.30 Uhr / 19.30 Uhr = Um halb acht.
um 7.45 Uhr / 19.45 Uhr = Um Viertel vor acht.

Wie lange?

Eine Stunde. / Zwei Stunden.

	sein		haben	
	Präteritum	Perfekt	Präteritum	Perfekt
ich	war	bin gewesen	hatte	habe gehabt
du	warst	bist gewesen	hattest	hast gehabt
er/sie/es/man	war	ist gewesen	hatte	hat gehabt
wir	waren	sind gewesen	hatten	haben gehabt
ihr	wart	seid gewesen	hattet	habt gehabt
sie	waren	sind gewesen	hatten	haben gehabt

5. Uhrzeiten.

Hören Sie die Gespräche und markieren Sie. ✗

Gespräch 1
Wie spät ist es?

▢ Es ist 9.45 Uhr.
▢ Es ist 10.04 Uhr.
▢ Es ist 22.15 Uhr.

Gespräch 5
Wann fängt das
Theater an?

▢ Um 19.45 Uhr.
▢ Um 20.15 Uhr.
▢ Um 19.15 Uhr.

Gespräch 2
Wie spät ist es?

▢ Es ist 12.35 Uhr.
▢ Es ist 0.53 Uhr.
▢ Es ist 13.35 Uhr.

Gespräch 6
Wie spät ist es?

▢ Es ist 15.07 Uhr.
▢ Es ist 7.15 Uhr.
▢ Es ist 17.05 Uhr.

Gespräch 3
Wann kommt der Mann
heute Abend nach Hause?

▢ Um 8.30 Uhr.
▢ Um 20.30 Uhr.
▢ Um 19.30 Uhr.

Gespräch 7
Wann ist der Junge
ins Bett gegangen?

▢ Um 2.40 Uhr.
▢ Um 4.20 Uhr.
▢ Um 2.15 Uhr.

Gespräch 4
Um wie viel Uhr will der
Sohn aufstehen?

▢ Um 5.45 Uhr.
▢ Um 6.15 Uhr.
▢ Um 4.16 Uhr.

Wie spät ist es?	– **Es ist** Viertel nach sieben.
Wann steht er auf?	– Er steht **um** Viertel nach sieben auf.

6. „Guten Morgen, Hasso!"

a) Lesen Sie die Texte.

A. „Heute Morgen hat um sechs Uhr der Wecker
geklingelt. Dann ist der Hund ins Schlafzimmer
gekommen und in unser Bett gesprungen. Er war
noch müde und ich auch. Mein Mann hatte Hunger. Er ist aufgestanden und in die Küche gegangen. Dort hat er Brötchen gesucht, aber es waren
keine da. Deshalb ist unsere Tochter zum Bäcker
gegangen und hat Brötchen gekauft. Dann haben
wir alle zusammen gefrühstückt."

B. „Heute Morgen um sieben Uhr ist der Hund ins Schlafzimmer gekommen und in unser Bett gesprungen. Unsere
Tochter war auch da. Sie hatte Hunger. Auf einmal war Hasso weg. Ich war noch müde und bin im Bett geblieben.
Mein Mann und unsere Tochter sind in die Küche gegangen und haben das Frühstück gemacht. Dann hat mein
Mann die Brötchen gesucht. Aber Hasso war vorher in der Küche und hat sie gefressen."

C. „Heute Morgen um sieben Uhr ist unsere Tochter ins Schlafzimmer gekommen. Sie hatte Hunger, aber mein
Mann und ich waren noch müde. Wir sind im Bett geblieben. Da hat unsere Tochter den Hund geweckt und ist
mit ihm in die Küche gegangen. Im Regal hat sie Brötchen gefunden. Dann hat sie mit Hasso gefrühstückt."

b) Hören Sie das Gespräch.

Welcher Text passt?   A ▢   B ▢   C ▢

7. „Guten Morgen, Liebling!"

Was hat der Mann geträumt? ☒

a) Er war in einem Flugzeug und
- ▢ hat geschlafen.
- ▢ die Stewardess hat ein Glas Wasser gebracht.
- ▢ hat mit der Stewardess gesprochen.

b) Dann ist er aufgestanden und
- ▢ hat die Passagiere geweckt.
- ▢ ist zur Toilette gegangen.
- ▢ hat die Tür aufgemacht.

c) Danach ist er ausgestiegen und
- ▢ nach Hause geflogen.
- ▢ neben dem Flugzeug geflogen.
- ▢ hat mit den Vögeln gesprochen.

d) Der Traum war
- ▢ sehr schön.
- ▢ unheimlich.
- ▢ langweilig.

8. „Guten Morgen, mein Sohn!"

Wer sagt was? Hören Sie den Text und notieren Sie: Vater (V) Mutter (M) Sohn (S) oder Tochter (T).

a) M „Bitte Britta, du kannst doch wenigstens dein Ei essen!"

b) ▢ „Das Salz steht vor dir auf dem Tisch."

c) ▢ „Wann ist Markus eigentlich gestern nach Hause gekommen?"

d) ▢ „Oh Gott, vielleicht ist er gar nicht da!"

e) ▢ „Aber du bist ja verletzt; du hast eine Wunde am Auge."

f) ▢ „Ich war gestern in der Disco."

g) ▢ „Wer ist Corinna?"

h) ▢ „Der Typ hat Corinna provoziert."

i) ▢ „Was soll das heißen?"

j) ▢ „Und dann hast du in der Disco den Tarzan gespielt?"

Perfekt ohne „ge":	
pass**ieren**	Was ist **passiert?**
provoz**ieren**	Er hat sie **provoziert.**

9. Ist der Vokal kurz oder lang? Hören Sie die Wörter, sprechen Sie nach und markieren Sie.

	kurz	lang			kurz	lang			kurz	lang			kurz	lang
gefahren		X		gelesen				studiert				geflogen		
gehalten	X			gesehen				gerissen				gekommen		
gemalt				gesessen				geschnitten				gesucht		
geschlafen				gestellt				geholfen				gewusst		
gesagt				gelegt				geholt				gerufen		
gepackt				geschrieben				geschoben				geblutet		

10. Betonungen

a) Hören Sie zu, sprechen Sie nach und markieren Sie das betonte Wort.

- ● Hast du schon die Schuhe geputzt?
- ■ Ja, die habe ich schon geputzt.
- ■ Nein, die habe ich noch nicht geputzt.
- ■ Die habe ich Montag geputzt.
- ■ Die habe ich gestern schon geputzt.

b) Hören Sie zu und antworten Sie.

- ● Hast du schon die Wand angestrichen? ■ Ja, die ... schon ...
- ● Hast du schon den Wagen gewaschen? ■ Ja, den ... schon ...
- ● Hast du schon die Blumen geholt? ■ Nein, die ... noch nicht ...
- ● Hast du schon das Geschirr gespült? ■ Ja, das ... Dienstag ...
- ● Hast du schon den Brief geschrieben? ■ Ja, den ... gestern ...

11. Hören Sie die Sätze und sprechen Sie nach.

a)
- ● Wo haben Sie gesessen?
- ■ Das habe ich vergessen.
- ● Was haben Sie gegessen?
- ■ Das habe ich auch vergessen.
- ● Wo sind Sie gewesen?
- ■ Ich habe im Bett gelegen und ein Buch gelesen.

b) Er ist aufgewacht.
Er hat an sie gedacht.
Sie hat den Kaffee gebracht
und das Fenster aufgemacht.
Er hat vom Urlaub geträumt
und sie hat aufgeräumt.
Sie hat etwas gefragt,
doch er hat nichts gesagt.

c) Sie hat studiert.
Erst hat sie markiert,
dann hat sie notiert,
danach korrigiert
und zum Schluss telefoniert.
Sonst ist nichts passiert.

d) Er hat seinen Koffer gewogen
und ist nach Mallorca geflogen.
Sie ist zu Hause geblieben
und hat einen Brief geschrieben.
Er ist nach Hause gekommen
und hat sie in den Arm genommen.

e) Sie ist durch die Wiesen geritten
und hat 100 Blumen geschnitten.
Er ist zum Fluss gerannt.
Sie hat ihn nicht erkannt.
Er ist ins Wasser gesprungen,
und sie hat gesungen.

12. Hören Sie die Gespräche.

Gespräch 1

● Hast du die Koffer schon ins Auto gebracht?

■ Ja, das habe ich vorhin schon gemacht.

● Schön! Dann können wir ja jetzt abfahren.

■ Halt! Nicht so schnell! Ich muss die Haustür noch abschließen.

● Das brauchst du nicht. Die Haustür habe ich schon abgeschlossen.

■ Prima, dann können wir wirklich abfahren.

Gespräch 2

● Kannst du bitte das Geschirr spülen?

■ Warum ich? Kannst du das nicht machen? Ich lese gerade.

● Wie bitte? Ich habe gerade die Betten gemacht, das Wohnzimmer aufgeräumt und die Katze gefüttert!

■ Und ich bin schon im Supermarkt gewesen, habe den Balkon sauber gemacht und die Wäsche gewaschen!

● Also dann spüle ich das Geschirr.

■ Warte mal, wir können das Geschirr ja auch zusammen spülen.

13. Variieren Sie die Gespräche. Sie können die folgenden Ausdrücke verwenden:

Hast du schon …?	Das habe ich	schon …
Bist du schon …?	Ich habe	noch nicht …
	Ich bin	gestern …
		heute Morgen …
Kannst du bitte …?		vorhin …
Kannst du nicht …?		gerade …

Ich muss noch …	Das brauchst du nicht.
Du musst noch …	Das brauchen wir nicht.
Wir müssen noch …	Das können wir ja auch ….

die Fahrräder in die Garage stellen
das Licht ausmachen
den Strom / das Gas abstellen
die Fenster zumachen
die Koffer packen
die Mäntel einpacken
das Auto sauber machen
die Wohnung putzen
zum Blumenladen gehen
die Kinder ins Bett bringen
das Mittagessen machen
Geld von der Bank holen
zur Post fahren

14. Hören Sie zu und schreiben Sie.

Markus ____ __ _____ __ ___ _____. __ ___ spät ____ _____ _____.
_____ __ __ _____ lange _____. Dann ___ __ _____ __
____ __ ____ _____. __ _____ __ __ __ Computer _____.
____ __ ____ _____ Corinna _____ _____ _____.

15. Ein Traum.

Bringen Sie die Sätze in die richtige Reihenfolge.

☐ Da bin ich aufgewacht.
☐ Plötzlich war die Waschmaschine ein Zug.
☐ Ein Luftballon ist geplatzt.
1 Ich war allein auf einer Wiese und habe die Blumen
   fotografiert.
☐ Ein Gorilla ist gekommen und hat Luftballons verkauft.

☐ Sie hat gesprochen, aber ich habe nichts verstanden.
☐ Ich bin eingestiegen und der Zug ist abgefahren.
☐ Ich habe 100 Euro bezahlt und drei Luftballons
   bekommen.
☐ Dann habe ich eine Waschmaschine gefunden.

16. Noch ein Traum. Schreiben Sie.

Ich bin mit dem Fahrrad
durch

mit dem Fahrrad durch die Wüste fahren	eine Telefonzelle sehen
ein Reifen: plötzlich platzen	ein Kamel: telefonieren
das Fahrrad reparieren	schimpfen, aber das Kamel: nicht aufhören
das Fahrrad: wegfliegen	die Telefonzelle: auf einmal zerbrechen

1. Welche Sätze passen? Notieren Sie die Nummern.

a) Sie feiern Silberhochzeit. 2

b) Er hat den Führerschein gemacht. ☐

c) Sie besuchen ein Volksfest. ☐

d) Es ist Valentinstag. ☐

e) Sie arbeitet seit 25 Jahren in der Firma. ☐

f) Er hat das Examen bestanden. ☐

g) Sie hat Geburtstag. ☐

h) Sie haben geheiratet. ☐

i) Er schmückt den Weihnachtsbaum. ☐

1. Der Chef gratuliert der Sekretärin zum Jubiläum.
2. Die Kinder schenken den Eltern einen Fernseher.
3. Er schickt seinen Eltern ein Telegramm.
4. Die Tochter hilft ihrem Vater.
5. Er kauft seiner Freundin ein Herz.
6. Die Kinder müssen der Großmutter ein Lied vorspielen.
7. Er bringt seiner Frau einen Blumenstrauß mit.
8. Die Gäste folgen dem Brautpaar.
9. Der Vater gibt dem Sohn den Autoschlüssel.

Nominativ		Dativ
der Vater	Die Tochter hilft	**dem** Vater.
die Sekretärin	Der Chef gratuliert	**der** Sekretärin.
das Brautpaar	Die Gäste folgen	**dem** Brautpaar.
die Eltern	Die Kinder schenken	**den** Eltern einen Fernseher.

2. Notieren Sie die Nummern und ergänzen Sie die Pronomen.

3 Der Pfarrer hat einen Hut gewonnen. Aber der Hut gefällt ihm nicht. Er schenkt ihn dem Bürgermeister.

Die Bäuerin hat eine Bluse gewonnen. Aber die Bluse passt ihr nicht. Sie schenkt sie der Lehrerin.

Das Kind hat ein Eis bekommen. Aber das Eis schmeckt ihm nicht. Es gibt es dem Schwein.

Die Sänger haben Krawatten gewonnen. Aber die Krawatten gefallen ihnen nicht. Sie schenken sie den Clowns.

Der Bürgermeister hat ein Bild gewonnen. Aber es gefällt _____ nicht. Er schenkt _____ dem Pfarrer.

Die Polizistin hat einen Bikini gewonnen. Aber der Bikini passt _____ nicht. Sie schenkt _____ der Bäuerin.

Der Feuerwehrmann hat eine Tafel Schokolade gewonnen. Aber die Schokolade schmeckt _____ nicht.
Er schenkt _____ dem Kind.

Die Lehrerin hat eine Halskette bekommen. Aber sie gefällt _____ nicht. Sie gibt _____ der Polizistin.

Die Fotografin hat Handschuhe bekommen. Aber sie passen _____ nicht. Sie gibt _____ dem Briefträger.

Nominativ	Akkusativ	Dativ
er	ihn	ihm
sie	sie	ihr
es	es	ihm
sie	sie	ihnen

helfen, folgen, gefallen, gratulieren, passen, schmecken …
+ Dativ

geben, schenken, schicken, mitbringen, kaufen, vorspielen …
+ Dativ + Akkusativ

Bremen, den 17. Dezember

Liebe Farida,

vielen Dank für deinen Brief. Du wartest jetzt schon seit drei Wochen auf eine Antwort von mir. Kannst du mir verzeihen? Aber du kennst mich ja … Und außerdem habe ich vor Weihnachten immer sehr wenig Zeit.

Du möchtest mehr über unser Weihnachtsfest erfahren, steht in deinem Brief. Deshalb schreibe ich dir jetzt davon. Ich liebe Weihnachten, denn es gibt für mich so viele schöne Erinnerungen. In meiner Kindheit haben schon viele Wochen vor dem Fest die Vorbereitungen begonnen. Ab November hat meine Mutter mit mir Plätzchen gebacken und Weihnachtsschmuck gebastelt. Ich habe dem Weihnachtsmann immer ganz lange Wunschzettel geschrieben.

Am 6. Dezember ist Nikolaustag. Da hatte ich als Kind immer ein bisschen Angst. Ein Onkel hat den Nikolaus gespielt. Er hatte einen Bart aus Watte und er hatte Mütze, Mantel und Stiefel an. Auf dem Rücken hatte er einen Sack und in der Hand eine Rute. Er hat mich und meinen Bruder sehr streng angeschaut und gesagt: „Ich habe euch etwas mitgebracht. Wart ihr denn auch brav?" Natürlich waren wir nicht immer brav, aber wir haben trotzdem „ja" gesagt. Dann hat er uns Süßigkeiten und Spielsachen aus seinem Sack geschenkt.

Die vier Sonntage vor Weihnachten sind der erste, zweite, dritte und vierte Advent. Am ersten Advent zündet man eine Kerze am Adventskranz an, am zweiten die zweite und so weiter. Bei uns hat früher der Adventskranz immer auf dem Küchentisch gestanden. Abends hat mein Vater die Kerzen angemacht; dann haben wir Weihnachtslieder gesungen und Plätzchen gegessen.

In der Nacht vor Weihnachten habe ich kaum geschlafen. Die Aufregung war zu groß. Am 24. Dezember, am Heiligabend, sind wir ganz früh zu den Großeltern auf den Bauernhof gefahren. Wir haben immer bei den Großeltern gefeiert. Da war dann die ganze Familie, mindestens 20 Personen.

Nach dem Mittagessen ist mein Großvater allein ins Wohnzimmer gegangen und hat den Weihnachtsbaum geschmückt. Wir Kinder haben zusammen gespielt und waren natürlich furchtbar aufgeregt. Später hat meine Oma uns eine Weihnachtsgeschichte vorgelesen. Endlich war es so weit und Opa hat uns ins Wohnzimmer gerufen. Das war ein wundervoller Moment: Alle Kerzen haben gebrannt, die Christbaumkugeln haben gefunkelt und unter dem Baum war die Krippe. Und da haben natürlich auch die Geschenke gelegen! Jedes Kind hat ein

Gedicht aufgesagt und dann haben wir die Päckchen aufgemacht. Einmal habe ich eine Puppe bekommen. Sie war wunderschön und hat „Mama" gesagt. Ich war so glücklich; ich weiß es noch wie heute. Spät in der Nacht sind dann alle in die Mitternachtsmesse gegangen.

Am nächsten Tag war immer das große Festessen: Gans mit Klößen und Rotkohl. Die Weihnachtsgans war mit Äpfeln und Nüssen gefüllt; das hat mir wunderbar geschmeckt.

Aber jetzt muss ich langsam Schluss machen. Ich habe Plätzchen im Backofen. Am 23. Dezember kommt meine Schwester mit ihrem Mann. Sie möchten bis Silvester bleiben. Wir haben gerne Gäste über Weihnachten, dann können wir zusammen feiern und es ist ein bisschen wie früher. Die Geschenke für die Kinder haben wir schon lange ausgesucht und gut versteckt.

Ich grüße dich und deine Familie ganz herzlich.

Deine Carola

3. Was schreibt Carola? Was passt zusammen?

a) Ich **7** ▢ ▢ ▢ ▢
b) Meine Mutter ▢
c) Mein Vater ▢
d) Meine Großmutter ▢
e) Mein Großvater ▢ ▢
f) Der Nikolaus ▢ ▢ ▢ ▢
g) Der Adventskranz ▢
h) Die Krippe ▢
i) Die Puppe ▢
j) Die Weihnachtsgans ▢ ▢

1. hat „Mama" gesagt.
2. hat allein den Weihnachtsbaum geschmückt.
3. hatte einen Bart aus Watte.
4. hat immer auf dem Küchentisch gestanden.
5. liebe Weihnachten.
6. hat mit mir ab November Plätzchen gebacken.
7. schreibe dir jetzt von Weihnachten.
8. hat mich und meinen Bruder sehr streng angeschaut.
9. hat abends die Kerzen am Adventskranz angemacht.
10. hat uns ins Wohnzimmer gerufen.
11. habe vor Weihnachten immer sehr wenig Zeit.
12. war unter dem Weihnachtsbaum.
13. hat gesagt: „Ich habe euch etwas mitgebracht."
14. habe einmal eine Puppe bekommen.
15. hat uns etwas vorgelesen.
16. war mit Äpfeln und Nüssen gefüllt.
17. hat uns Süßigkeiten und Spielsachen aus seinem Sack geschenkt.
18. hat mir wunderbar geschmeckt.
19. habe dem Weihnachtsmann immer ganz lange Wunschzettel geschrieben.

Nominativ	Akkusativ	Dativ
ich	mich	mir
du	dich	dir
wir	uns	uns
ihr	euch	euch

4. Datumsangaben

Gespräch 1

Welches Datum ist „heute"?

▨ Der 17. August.

▨ Der 20. September.

▨ Der 27. August.

Gespräch 2

Welches Datum ist „morgen"?

▨ Der 16. April.

▨ Der 26. April.

▨ Der 6. April.

Gespräch 3

Wann hat Alexander Geburtstag?

▨ Am 11. Januar.

▨ Am 11. Februar.

▨ Am 4. Februar.

Gespräch 4

Wann ist die Zahnarztpraxis geschlossen?

▨ Vom 3. bis zum 15. Mai.

▨ Vom 13. bis zum 25. März.

▨ Vom 3. bis zum 15. März.

Gespräch 5

Wann hat Elke geheiratet?

▨ Am 21. Juni.

▨ Am 1. Juni.

▨ Am 1. Juli.

Gespräch 6

Seit wann ist Herr Busch in Rente?

▨ Seit dem 14. November.

▨ Seit dem 15. Oktober.

▨ Seit dem 25. Oktober.

| Heute ist **der erste** Januar. | Er kommt **am ersten** Januar. |
| Morgen ist **der einundzwanzigste** August. | Er kommt **am einundzwanzigsten** August. |

5. Auf dem Weihnachtsmarkt.

Richtig (**r**) oder falsch (**f**)?

Lesen Sie die Sätze und hören Sie dann die Interviews.

Interview 1

a) ▨ Der Weihnachtsmarkt ist ihr ein bisschen zu voll.

b) ▨ Sie hat einen Glühwein getrunken und eine Bratwurst gegessen.

c) ▨ Am 20. Dezember fliegt sie mit ihrem Mann nach Österreich.

d) ▨ Ein Weihnachtsbaum fehlt ihr nicht.

e) ▨ Sie feiert Weihnachten mit ihren Kindern.

Interview 2

a) ▨ Der Weihnachtsbaum muss groß sein; das ist ihr wichtig.

b) ▨ Sie schmückt den Weihnachtsbaum und ihr Mann hilft ihr ein bisschen.

c) ▨ Sie will es an Weihnachten schön ruhig und gemütlich haben.

d) ▨ Eine Weihnachtsgans ist ihr zu kompliziert.

e) ▨ Ihre Tochter fragt jeden Tag: „Mama, was bringt mir der Nikolaus?"

Interview 3

a) ☐ Der Weihnachtsmarkt ist ihm zu kommerziell.
b) ☐ Er liebt Kitsch.
c) ☐ Die Krippen auf dem Weihnachtsmarkt sind ihm zu teuer.
d) ☐ Er feiert bei den Eltern, denn Weihnachten ist ihnen sehr wichtig.
e) ☐ Das Essen ist ihm immer zu wenig.

Interview 4

a) ☐ Er findet die Atmosphäre auf dem Weihnachtsmarkt ganz schön.
b) ☐ Weihnachten ist ihm ziemlich egal.
c) ☐ Er und seine Freundin haben viel Platz für einen Weihnachtsbaum.
d) ☐ Kochen macht ihnen Spaß.
e) ☐ Er schenkt seiner Freundin ein Radio.

Er findet den Weihnachtsmarkt zu kommerziell.	Der Weihnachtsmarkt **ist ihm zu kommerziell.**
Sie findet den Weihnachtsmarkt zu voll.	Der Weihnachtsmarkt **ist ihr zu voll.**

6. Prost Neujahr!

Was ist richtig ? ✗

a) ☐ Elke macht kurz vor zwölf den Fernseher an.
   ☐ Elke macht kurz vor zwölf das Radio an.

b) ☐ Um Mitternacht trinken alle Sekt.
   ☐ Um Mitternacht trinken alle Wein oder Bier.

c) ☐ Kurt sagt: „Viel Glück im neuen Jahr, Liebling!"
   ☐ Kurt sagt: „Ein glückliches neues Jahr, mein Schatz!"

d) ☐ Alle gehen auf die Straße und tanzen.
   ☐ Alle gehen auf den Balkon und zünden Raketen an.

7. Hören Sie die Monatsnamen und sprechen Sie nach.

| Januar | Februar | März | April | Mai | Juni | Juli | August | September | Oktober | November | Dezember |

8. Hören Sie zu und sprechen Sie nach.

- ■ Welcher Tag ist heute?
- ● Heute ist der 7. Februar.
- ■ Wann gehen wir mal wieder in die Disco?
- ● Am 14. Februar.
- ■ Wann besucht uns Clara?
- ● Ostern, am 30. März.
- ■ Wann sind wir bei Rolf eingeladen?
- ● Am 1. April.
- ■ Wann hat deine Schwester Rita Geburtstag?
- ● Am 3. April.
- ■ Was für ein Tag ist das?
- ● Der 3. April ist ein Donnerstag.
- ■ Wann feiern deine Eltern Silberhochzeit?
- ● Am 13. Mai.
- ■ Liebling, wann wollen wir heiraten?
- ● Auch im Mai. Vielleicht bekommen wir am 23. einen Termin.

9. Wörter mit „r".

a) Hören Sie die Wörter und sprechen Sie nach.

war – waren	gestört – stören	Tor – Tore	Klavier – Klaviere
fahrt – fahren	passieren – passiert	Formulare – Formular	Tiere – Tier
hören – gehört	fotografieren – fotografiert	Japaner – Japanerin	ihr – ihre

b) Wo kann man das **r** deutlich hören? Unterstreichen Sie.

10. Hören Sie die Gespräche und sprechen Sie nach.

- ● Grüß dich, Bernd. Wie geht es dir?
- ■ Danke, Rolf. Und wie geht's dir?
- ● Auch gut. Hast du heute Zeit?
- ■ Heute nicht. Es tut mir Leid. Ich ruf' dich an. So um vier?
- ● Ja, um vier. Da passt es mir.

> Ich ruf' dich an. = Ich rufe dich an.

- ● Guten Tag, Herr Sundermann. Wann fängt denn Ihr Urlaub an?
- ■ Morgen schon, Herr Noll.
- ● Morgen schon? Das find' ich toll. Müssen Sie noch was besorgen?
- ■ Nein, ich hab' alles für morgen.
- ● Dann guten Flug, Herr Sundermann. Bald fängt auch unser Urlaub an.

- Darf ich Sie zu einem Kaffee einladen?
- Das ist nett von Ihnen. Aber ich bin sehr in Eile.
- Oh! Das ist wirklich schade!
- Ja. Aber ich muss noch so viel erledigen. Heute Abend bin ich zu einer Hochzeitsfeier eingeladen.
- Dann möchte ich Sie nicht aufhalten. Ich wünsche Ihnen einen schönen Abend.

11. Variieren Sie das Gespräch.

| Darf ich | Sie
dich
euch | zu | einem Bier
einer Pizza
einer Bratwurst
einem Eis | einladen? | Das ist sehr freundlich

Aber | von

ich habe
wir haben | Ihnen.
dir.
es sehr eilig. |

Dann will ich	Sie dich euch	nicht aufhalten.
Ich wünsche	Ihnen dir euch	viel Spaß. viel Glück. viel Erfolg. eine gute Reise. eine gute Fahrt. schöne Urlaubstage. schöne Ferien. ein schönes Wochenende.

heute	zu einer Party eingeladen sein
heute Nachmittag	mit … in die Disco gehen wollen
heute Abend	eine Klausur schreiben
in einer Stunde	für das Examen lernen müssen
morgen früh	nach Paris fliegen
morgen Nachmittag	in Urlaub fahren
am Wochenende	Besuch bekommen

12. **Hören Sie zu und schreiben Sie.**

_____ geboren. ___ ___ _____ vor _____.

Deshalb _____. _Dann_ _____ _____

_____. _____ _____ _natürlich_ _____ _____. _Aber_ _____

_____.

13. **Zu welchem Anlass schickt man die Karten?**

Die Karte mit dem Schlüssel und dem Mineralwasser schickt man zur Führerscheinprüfung.
Die Karte mit dem Doktorhut und … schickt man zum …
Die Karte mit …

Torte   Kerzen   Bücher   Zahl   Rosen
Paar   Gläser   Weihnachtsbaum   Eier   Farbe

Geburtstag   Examen   Hochzeit
Silberhochzeit   Weihnachten   Ostern

14. **Lesen Sie die Grußkarten und ergänzen Sie die Sätze.**

Lieber Bernd,

nachträglich herzlichen _____ zu

_____ dreißigsten _____. Ich habe

_____ nicht vergessen, aber ich war verreist. Hoffentlich bist

du _____ nicht böse.

Ich wünsche _____ alles _____ und viel _____

im neuen Lebensjahr.

_____ Max

Liebe Britta, lieber Claus,

wir wünschen _____ fröhliche _____

und ein glückliches _____. Hoffentlich

könnt ihr _____ bald einmal besuchen. Wir schicken

_____ Kindern ein Computerspiel auf CD-ROM mit

und wünschen _____ damit viel _____.

Herzliche Grüße

_____ Petra und _____ Hans-Georg

Liebes Brautpaar

vielen _____ für die Einladung zu Ihrer _____.

Leider können wir zu _____ Fest nicht kommen.

_____ Tochter wohnt in Sydney und bekommt bald ein

Baby. Deshalb fliegen wir für drei Wochen nach Australien.

Wir wünschen _____ viel _____ und alles _____

für das Leben zu zweit.

Mit herzlichen Grüßen

_____ Manfred und _____ Roswitha Müller

Glückwunsch	neues Jahr	Gute
Gute	Weihnachten	Hochzeit
Geburtstag	Spaß	Dank
Glück	uns	Glück
ihn	euch	Ihnen
deinem	ihnen	Ihrem
dir	euren	unsere
mir	eure	Ihre
Dein	euer	Ihr

1. An der Kasse. Wer kauft was?

Herr Wagner

Frau Hagen

Herr Loos

Herr Wagner (W) kauft …
Frau Hagen (H) kauft …
Herr Loos (L) kauft …

W einen Becher Sahne
eine Dose Würstchen
ein Kilogramm Bananen
ein Pfund Kaffee
ein Glas Marmelade
ein Päckchen Margarine
eine Tüte Nudeln
ein Stück Käse
einen Kopf Salat
eine Tafel Schokolade

drei Stück Kuchen
einen Liter Milch
eine Kiste Getränke
sechs Dosen Cola
drei Tuben Senf
einen Sack Kartoffeln
zwei Flaschen Saft
eine Schachtel Pralinen
vier Becher Jogurt
zwei Gläser Gurken

der Saft	–	eine Flasche Saft
die Sahne	–	ein Becher Sahne
das Getränk	–	eine Kiste Getränke
die Kartoffeln	–	ein Sack Kartoffeln

2. Was passt zusammen?

a) Herr Wagner kauft ein Kilogramm Mehl, 5
b) Frau Hagen kauft eine Tüte Nudeln, ■
c) Herr Loos kauft eine Kiste Getränke, ■
d) Frau Hagen kauft drei Tüten Bonbons, ■
e) Herr Wagner kauft ein Huhn, ■
f) Herr Loos kauft ein Paket Hundekuchen, ■
g) Herr Wagner kauft ein Päckchen Fischstäbchen, ■
h) Frau Hagen kauft Birnen, ■
i) Herr Loos kauft einen Sack Holzkohle, ■

1. weil Bello das gern mag.
2. weil seine Kinder gern Fisch mögen.
3. weil Obst gesund ist.
4. weil sie „Spaghetti Bolognese" kochen will.
5. weil er einen Kuchen backen will.
6. weil er eine Party geben will.
7. weil ihre Kinder gern Süßigkeiten essen.
8. weil er grillen will.
9. weil er Geflügel mag.

	mögen
ich	**mag**
du	**magst**
er/sie/es	**mag**
wir	mögen
ihr	mögt
sie/Sie	mögen

Herr Wagner kauft Fischstäbchen.		Die Kinder **mögen**	gern Fisch.
Herr Wagner kauft Fischstäbchen,	**weil**	die Kinder	gern Fisch **mögen.**

3. Warum? – Weil …

a) ● Warum isst du keine Bohnen?
b) ● Warum isst du kein Kotelett?
c) ● Warum nimmst du keine Gurken?
d) ● Warum probierst du den Kartoffelsalat nicht?
e) ● Warum nimmst du keinen Pfeffer?
f) ● Warum nimmst du keine Zitrone zum Fisch?
g) ● Warum nimmst du keine Sahne?
h) ● Warum isst du keinen Kuchen?
i) ● Warum nimmst du keinen Gänsebraten?
j) ● Warum nimmst du drei Gläser Saft?
k) ● Warum isst du so wenig?
l) ● Warum nimmst du so viele Weintrauben?
m) ● Warum tust du so viel Zucker in den Tee?

■ Weil ich kein Gemüse mag.
■ Weil _____
■ Weil _____
■ Weil _____
■ Weil _____
■ Weil _____
■ Weil _____
■ Weil _____
■ Weil _____
■ Weil _____
■ Weil _____
■ Weil _____
■ Weil _____

kein Gemüse mögen
kein Schweinefleisch mögen
(mir) zu salzig sein
Nudelsalat lieber mögen
(mir) zu scharf sein
(mir) zu sauer sein
abnehmen wollen
(mir) zu süß sein
(mir) zu fett sein
Durst haben
keinen Hunger haben
viel Obst essen sollen
(mir) zu bitter sein

Wenn Maria kommt

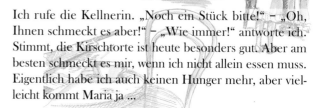

Hoffentlich kommt Maria. Sie hat es nicht versprochen. Sie kommt, wenn sie es schafft – hat sie gesagt. Nach der Probe. Wenn Maria kommt, hat sie eine Nachricht. Hoffentlich.

Ich habe Durst. Eigentlich möchte ich ein Bier trinken, aber das schmeckt mir nicht, weil es im Café nur Bier in Flaschen gibt. Was steht auf der Speisekarte? Wasser, Cola, Limonade ... Keine Zeit zum Überlegen, weil die Bedienung schon neben mir steht. Ich bestelle ein Kännchen Kaffee und ein Stück Schwarzwälder Kirschtorte. Die mag ich am liebsten. Wenn ich Kaffee trinke, kann ich nachts nicht schlafen. Aber es ist ja erst vier Uhr. Und schlafen kann ich heute Nacht sicher sowieso nicht.

Die Frau am Nachbartisch isst einen Eisbecher mit viel Sahne. Sie trägt einen Hut und hat ihre Handtasche auf den Tisch gestellt. Ich trinke den Kaffee vorsichtig in kleinen Schlucken, weil er sehr heiß ist. Ich habe immer noch Durst. Warum habe ich keinen Eistee bestellt?

Neben der Garderobe sitzt eine Mutter mit einem Kleinkind. Sie redet ohne Pause mit einer Freundin. Das Kind malt mit einem Buntstift auf die Tischdecke. Alle Tische haben Decken. Einige haben Kaffeeflecken. Die da bekommt jetzt auch noch rote Striche. Was macht die Bedienung wohl, wenn sie das sieht?

Wenn Maria kommt, bestellt sie sicher ein Glas Tee. Sie trinkt immer Tee. Der ist gut für ihre Stimme, sagt sie.

Mein Tischnachbar liest Zeitung. Sicher hat er seine Brille vergessen, weil er die Zeitung so dicht vor seine Nase hält.

Halb fünf. Maria ist immer noch nicht da. Am Tisch vor dem Fenster sitzt ein Mädchen. Wie alt mag sie sein? Ich sehe ihr Gesicht nur halb. Sind das Tränen in ihren Augen? Schaut sie aus dem Fenster, weil sie auch wartet?

Jetzt winkt sie der Kellnerin und bezahlt. „Stimmt so", sagt sie, steht langsam auf, nimmt langsam ihren Mantel von der Garderobe, geht langsam zur Tür, schaut noch einmal zurück zum Tisch. Er ist jetzt leer. Weil er nicht gekommen ist? Weil sie jetzt gehen muss? Weil seine Liebe nicht groß genug war? Weil ein Traum zu Ende ist ...?

Ich rufe die Kellnerin. „Noch ein Stück bitte!" – „Oh, Ihnen schmeckt es aber!" – „Wie immer!" antworte ich. Stimmt, die Kirschtorte ist heute besonders gut. Aber am besten schmeckt es mir, wenn ich nicht allein essen muss. Eigentlich habe ich auch keinen Hunger mehr, aber vielleicht kommt Maria ja ...

Viertel vor fünf. Mein Blick wandert zur Tür. Nichts. Immer noch nichts. Wenn sie nicht bald kommt, ist auch mein Traum zu Ende. Dann gehe ich. Dann sollen sie es ohne mich machen. Was denkt die Bedienung wohl, wenn ich jetzt noch einen Kognak bestelle? Egal.

Da kommt der Kognak. Und da kommt – Maria. Ich habe sie nicht gesehen. Nur einen Augenblick habe ich die Tür nicht beobachtet. Aber jetzt ist sie da. Nur nicht nervös werden! Jetzt ruhig bleiben! Wenn ihre Nachricht schlecht ist – dann war's das eben. Dann kann man nichts machen. Irgendwie geht es trotzdem weiter.

„Hallo!", sage ich und stehe auf. Sie lächelt und küsst mich flüchtig auf die Wange. „Tut mir Leid", sagt sie, „die Probe hat so lange gedauert."

„Macht nichts", höre ich mich ganz ruhig sagen. „Wie war's denn?" Mein Puls schlägt 150.

„Was?" – „Na, die Probe." – „Ach so. Gut. Prima. Also, das Stück ist toll!" Das weiß ich, aber das will ich nicht hören. Wenn sie jetzt nichts sagt, dann ... Ich schaue ihr in die Augen. „Aber nimm doch erst mal Platz!"

Wieder kommt die Bedienung. Maria bestellt einen Becher Eis mit Sahne. Aber sie sagt nichts. Na gut, es hat nicht geklappt. Es gibt auch noch andere Städte für mich. Und andere Theater.

Was ich am meisten an Maria mag? Ihre Augen. Graublau, immer ein bisschen traurig. Aber plötzlich funkeln sie. Am schönsten ist Maria, wenn sie aufgeregt ist: „Weißt du was, mein lieber Curt? Ich habe mit dem Regisseur gesprochen. Alles klar – du bekommst die Rolle!"

4. Richtig (r) oder falsch (f)?

Maria ...

a) r Maria trinkt am liebsten Tee.

b) ☐ Sie kommt um halb fünf.

c) ☐ Sie spielt eine Rolle in einem Film.

d) ☐ Die Probe hat lange gedauert.

e) ☐ Ihre Stimme ist am schönsten, wenn sie aufgeregt ist.

f) ☐ Heute trinkt Maria keinen Tee.

g) ☐ Sie hat eine gute Nachricht für Curt.

Curt ...

a) ☐ Curt kann nachts nicht schlafen, wenn er Kaffee getrunken hat.

b) ☐ Er beobachtet die Leute im Café.

c) ☐ Die Kirschtorte schmeckt ihm heute nicht.

d) ☐ Curt küsst Maria auf den Mund.

e) ☐ Er möchte eine Rolle in einem Film haben.

f) ☐ Er bekommt eine Rolle in einem Theaterstück.

Das Café ...

a) ☐ Im Café gibt es keine Limonade.

b) ☐ Neben der Garderobe sitzen zwei Frauen und ein Kind.

c) ☐ Alle Tische haben Tischdecken.

d) ☐ Die Frau am Nachbartisch malt auf die Tischdecke.

e) ☐ Der Tischnachbar von Curt trägt keine Brille.

f) ☐ Das Mädchen am Fenster schaut noch einmal zurück zu Curt.

g) ☐ Die Bedienung will Curt keinen Eistee bringen.

5. Was passt zusammen?

a) Maria kommt, ☐

b) Maria bestellt sicher ein Glas Tee, ☐

c) Curt trinkt den Kaffee vorsichtig, ☐

d) Weil ein Traum zu Ende ist, ☐

e) Auch für Curt ist ein Traum zu Ende, ☐

f) Wenn die Nachricht für Curt schlecht ist, ☐

1. wenn sie kommt.

2. wenn sie es schafft.

3. wenn Maria nicht bald kommt.

4. geht es trotzdem irgendwie weiter.

5. weil er sehr heiß ist.

6. geht das Mädchen.

Maria kommt.	**Sie**	bringt	eine Nachricht.
Wenn Maria kommt,		bringt **sie**	eine Nachricht.
Maria bringt eine Nachricht.	**Sie** kommt.		
Maria bringt eine Nachricht,	**wenn**	**sie** kommt.	

	Superlativ
schön	**am schönsten**
gut	**am besten**
gern	**am liebsten**
viel / sehr	**am meisten**

6. Wie frühstücken Sie?

a) Hören Sie die Interviews.
Welches Interview passt zu welcher Person?

Interview 1: Person Nr. ☐   Interview 3: Person Nr. ☐
Interview 2: Person Nr. ☐   Interview 4: Person Nr. ☐

b) Welche Aussagen passen zu welcher Person?

☐ frühstückt früher als die Familie.
☐ trinkt nur eine Tasse Kaffee und frühstückt später in der Kantine.
☐ isst morgens mehr als mittags oder abends.
☐ frühstückt nicht viel, sondern isst lieber gut zu Mittag.
☐ trinkt ein Glas Orangensaft.
☐ isst ein Brötchen mit Marmelade oder Honig.
☐ verträgt Tee besser als Kaffee.
☐ ist bei der Arbeit fröhlicher, wenn er gut gefrühstückt hat.
☐ isst ein Ei, Brötchen mit Wurst und Schwarzbrot mit Schinken.
☐ isst manchmal eine Scheibe Brot mit Käse.
☐ isst einen Teller Müsli.
☐ isst einen Becher Jogurt.
☐ gewinnt das Buch „Gesund frühstücken".

Komparativ		
spät	später	
früh	früher	
gern	lieber	als …
viel	mehr	
gut	besser	

7. Eine Einladung zum Essen

a) Hören Sie das Gespräch. Was ist richtig? ☒

1) ☐ Es gibt zuerst Suppe und danach Kalbsbraten.
   ☐ Es gibt zuerst Suppe und danach Lammbraten.
   ☐ Es gibt zuerst Salat und danach Schweinebraten.
2) ☐ Herr Breuer hat die Knödel gemacht.
   ☐ Herr Breuer hat den Braten gemacht.
   ☐ Herr Breuer hat die Suppe gemacht.
3) ☐ Frau Amato probiert den Wein. Aber sie möchte auch Mineralwasser.
   ☐ Frau Amato trinkt keinen Wein. Sie möchte nur Mineralwasser.
   ☐ Frau Amato trinkt kein Mineralwasser. Sie möchte nur Wein.
4) ☐ In Süddeutschland gibt es wenig Sonne, aber viele Weinberge.
   ☐ In Süddeutschland gibt es viel Sonne, aber keine Weinberge.
   ☐ In Süddeutschland gibt es viele Weinberge und viel Sonne.
5) ☐ Frau Amato möchte das Rezept einer Freundin geben.
   ☐ Frau Amato möchte das Rezept gern selbst ausprobieren.
   ☐ Frau Amato möchte das Rezept haben, aber sie kann nicht kochen.
6) ☐ Als Dessert gibt es Kirschen mit Sahne.
   ☐ Als Dessert gibt es Eis mit Sahne.
   ☐ Als Dessert gibt es Erdbeeren mit Sahne.

b) Hören Sie das Gespräch noch einmal und achten Sie auf die Ausdrücke.

1. Was sagt man, wenn man einen Stuhl anbietet?
   - ▨ „Machen Sie bitte Platz!"
   - ▨ „Nehmen Sie bitte Platz!"
   - ▨ „Platzen Sie bitte!"

2. Was sagt man, wenn man ein Glas Wein trinkt?
   - ▨ „Zum Wohl!"
   - ▨ „Alles Gute!"
   - ▨ „Viel Spaß!"

3. Was sagt man, wenn man mit dem Essen anfängt?
   - ▨ „Na dann!"
   - ▨ „Viel Glück!"
   - ▨ „Guten Appetit!"

4. Wie heißt die Antwort auf „Guten Appetit!"?
   - ▨ „Danke gleichfalls!"
   - ▨ „Egal!"
   - ▨ „Sie auch!"

5. Was kann man sagen, wenn man noch ein Stück Fleisch möchte?
   - ▨ „Ich will noch ein Stück Fleisch."
   - ▨ „Darf ich noch ein Stück Fleisch haben?"
   - ▨ „Geben Sie mir noch ein Stück Fleisch!"

6. Was kann man sagen, wenn man nichts mehr essen möchte?
   - ▨ „Es schmeckt ausgezeichnet, aber ich bin wirklich satt."
   - ▨ „Es schmeckt ausgezeichnet, aber ich mag nicht mehr."
   - ▨ „Es schmeckt ausgezeichnet, aber ich will nicht mehr."

> **Imperativ**
>
> Nehmen Sie Platz!

8. Im Restaurant

Hören Sie das Gespräch. Was ist richtig? ☒

a) Arnold und Sonja ...
   - ▨ müssen warten, weil kein Tisch frei ist.
   - ▨ haben einen Tisch reserviert.
   - ▨ haben keinen Tisch reserviert.

b) Wie viel Bargeld hat Arnold dabei?
   - ▨ 170,– €
   - ▨ 50,– €
   - ▨ 40,– €

c) Sonja sagt:
   - ▨ „Nimm doch deine Kreditkarte."
   - ▨ „Nimm doch meine Kreditkarte."
   - ▨ „Hol doch deine Kreditkarte."

d) Arnold sagt:
   - ▨ „Gehen wir wieder."
   - ▨ „Kommen wir wieder."
   - ▨ „Gehen wir lieber."

e) Sonja sagt:
   - ▨ „Bestell ruhig das Kotelett. Ich nehme das Omelett."
   - ▨ „Bestell ruhig das Omelett. Ich nehme das Kotelett."
   - ▨ „Bestell ruhig das Omelett. Ich nehme auch das Omelett."

f)
   - ▨ Sie essen beide eine Vorspeise.
   - ▨ Nur Sonja isst eine Vorspeise.
   - ▨ Sie essen beide keine Vorspeise.

> **Geh!**   **Gehen wir!**
> **Nimm** die Kreditkarte!   **Nehmen wir** die Kreditkarte!

9. Sprechen Sie nach. Achten Sie auf „-ich" und „-ig".

Michael ist wirklich richtig fleißig.
Sein Kuss war eigentlich ungewöhnlich flüchtig.
In der Küche ist es plötzlich unheimlich ruhig.
Die Nachricht ist hoffentlich wenig wichtig.
Michael spricht natürlich ein bisschen tschechisch.
Die Würstchen schmecken wirklich nicht schlecht.
Das Mädchen in der Küche isst ein Brötchen mit Honig.

10. Hören Sie zu, markieren Sie die Betonung und sprechen Sie nach.

● Trinkst du gerne <u>Saft</u>?
■ Ja, am liebsten <u>Apfel</u>saft.
● Ich mag lieber <u>Trauben</u>saft.

● Isst du gerne Suppe?
■ Ja, am liebsten Hühnersuppe.
● Ich mag lieber Zwiebelsuppe.

● Isst du gerne Braten?
■ Ja, am liebsten Rinderbraten.
● Ich mag lieber Schweinebraten.

● Essen wir ein Eis?
■ Ja, für mich Zitroneneis!
● Und für mich Bananeneis!

das Schwein	–	**der** Braten	→	**der** Schweinebraten
das Huhn	–	**die** Suppe	→	**die** Hühnersuppe
die Zitrone	–	**das** Eis	→	**das** Zitroneneis

11. Hören Sie zu und sprechen Sie nach. Achten Sie auf die Intonation.

Wenn Maria kommt, ↗ bestellt sie sicher ein Glas Tee. ↘
Wenn ich Durst habe, ↗ trinke ich am liebsten Mineralwasser. ↘
Ich esse keine Sahne, ↗ weil ich abnehmen will. ↘
Herr Loos kauft kein Huhn, ↗ weil er kein Geflügel mag. ↘
Herr Meyer frühstückt nicht viel, ↗ sondern isst lieber gut zu Mittag. ↘
Frau Amato probiert den Wein, ↗ aber sie möchte auch Mineralwasser. ↘

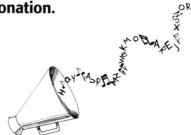

12. Hören Sie zu, markieren Sie die Intonation (↓ oder ↑) und sprechen Sie nach.

Nimmst du noch ein Stück Kuchen? ☐
Nimm doch noch ein Stück Kuchen. ☐

Trinken Sie doch noch eine Tasse Kaffee. ☐
Trinken Sie noch eine Tasse Kaffee? ☐

Bringen Sie mir bitte die Speisekarte. ☐
Bringen Sie mir bitte die Speisekarte? ☐

Gehen wir? ☐
Gehen wir. ☐

13. Hören Sie die Gespräche.

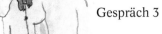

Gespräch 1

- ● Haben Sie gewählt?
- ■ Ja. Ich hätte gern das Schnitzel mit Pilzsoße.
- ● Mit Reis oder Pommes frites?
- ■ Lieber mit Pommes frites.
- ● Und was möchten Sie trinken?
- ■ Einen Rotwein. Würden Sie mir die Weinkarte bringen?
- ● Ja natürlich. Ich bringe Ihnen die Karte sofort.

Gespräch 3

- ■ Bringen Sie mir bitte die Rechnung!
- ● Ja gern. Hat es Ihnen geschmeckt?
- ■ Ja, danke.
- ● Das macht 18,90 Euro.
- ■ 20 Euro. Das stimmt so.
- ● Danke schön.

Gespräch 2

- ■ Ich möchte ein Bier. Und bringen Sie mir bitte die Speisekarte.
- ● Gern, aber zwischen 15 und 18 Uhr können Sie nur kalt essen.
- ■ Ach so; und was kann ich jetzt bekommen?
- ● Wurstbrot, Käsebrot, Schinkenbrot, Salatteller …
- ■ Ist der Salatteller mit Ei?
- ● Ja, mit Ei und Schinken.
- ■ Gut. Dann bringen Sie mir bitte einen Salatteller.
- ● Ein Salatteller, ein Bier … Kommt sofort.

14. Variieren Sie die Gespräche.

Gasthaus „Zum roten Hirsch"
Speisekarte

Suppen		Hauptgerichte (Beilagen inkl.)		Nachspeisen	
Gemüsesuppe	3,30	Kotelett	8,50	Eisbecher mit Sahne	3,95
Hühnersuppe	3,80	Schnitzel mit		Erdbeeren mit Sahne	3,80
Rinderbouillon	2,95	Pilzsoße/Sahnesoße	11,50	Obstsalat	3,25
		Rinderbraten	13,00		
Kalte Gerichte		Schweinebraten	12,50	**Getränke**	
		Hirschragout	15,00		
Wurstbrot	4,20	Fischplatte	16,00	Bier vom Fass	1,50
Käsebrot	3,90			Weißwein	3,50
Schinkenbrot	4,80	**Beilagen**		Rotwein	4,50
Salatteller	5,50			Limonade / Cola	1,40
		Kartoffeln		Mineralwasser	1,20
Salate		Knödel		Orangensaft	2,40
		Pommes frites		Cola	2,00
Tomatensalat	2,80	Reis		Kaffee (Tasse)	1,60
Gurkensalat	2,20			Tee (Tasse)	1,40
Bohnensalat	2,40				

15. **Hören Sie zu und schreiben Sie.**

_____ _____ _____ Café. ____ ____ ____ ____ _____, weil __ ____ ____ __
_____ . _____ Nachbartisch____ ____ ____ _____ . ____ __
__ ____ Brötchen ____ ____ . Danach ____ ____ ____ ____ _____ . ____ ____ bringt
____ ____ ____ . ____ ____ Herr Wagner ____ ____ ____ .

16. **Ein Rezept.**

Bauernfrühstück

Zutaten:

800 g Kartoffeln
60 g Butter
2 Zwiebeln
6 Eier
1/4 l Sahne
Salz
Pfeffer
1 Bund Petersilie
200 g Schinken in Scheiben

- die Kartoffeln kochen
- die Kartoffeln schälen
- die Kartoffeln in Scheiben schneiden
- die Zwiebeln schälen
- die Zwiebeln in Würfel schneiden
- die Petersilie klein hacken
- die Butter in die Pfanne geben
- die Zwiebelwürfel kurz braten
- die Kartoffelscheiben dazutun
- die Kartoffelscheiben goldbraun braten
- die Eier schlagen
- die Sahne in die Eier gießen
- Eier und Sahne mit den Kartoffeln vermischen
- die Petersilie auf die Kartoffeln streuen
- das Ganze mit Salz und Pfeffer würzen
- zum Schluss den Schinken auf das Gericht legen

17. Schreiben Sie das Rezept.

Kochen Sie die _____
Kartoffeln. _____
_____

_____
_____
_____

Schälen Sie ... _____
_____
_____

_____
_____
_____

_____
_____
_____

_____
_____
_____

_____
_____
_____

_____
_____
_____

_____
_____
_____

_____
_____
_____

_____
_____
_____

_____
_____
_____

_____
_____
_____

_____
_____
_____

_____
_____
_____

1. Was passt zusammen? Ergänzen Sie.

Bild A: Sie hört auf *6*

Bild B: Sie beginnt ☐

Bild C: Sie haben heute Zeit ☐

Bild D: Sie hat keine Lust ☐

Bild E: Er hilft ihr ☐

Bild F: Er hat vergessen ☐

Bild G: Er hat versucht ☐

Bild H: Sie schafft es, ☐

Bild I: Es gelingt ihnen nicht, ☐

1. die Wand zu streichen.
2. mit ihm zu tanzen.
3. den Stecker in die Steckdose zu stecken.
4. lange im Bett zu bleiben und auszuschlafen.
5. das Geschirr zu spülen und gleichzeitig zu telefonieren.
6. in ihrem Buch zu lesen.
7. den Tisch zu decken.
8. die Tür zuzumachen.
9. den Mixer zu reparieren, aber das war zu kompliziert.

Sie tanzen.	Sie haben Lust **zu** tanzen.
Sie tanzen weiter.	Sie haben Lust weiter**zu**tanzen.
Sie tanzen Tango.	Sie haben Lust Tango **zu** tanzen.

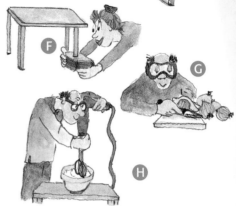

2. Was passt zusammen? Ergänzen Sie.

A: Er benutzt die Zange **2**
B: Er benutzt das Bügeleisen ☐
C: Sie benutzt den Besen ☐
D: Sie benutzt die Kochlöffel ☐
E: Sie benutzt den Föhn ☐
F: Sie benutzt das Wörterbuch ☐
G: Er benutzt die Taucherbrille ☐
H: Er benutzt die Bohrmaschine ☐

1. um ein Bild zu malen.
2. um die Flasche zu öffnen.
3. um den Tisch zu stützen.
4. um die Zeitung glatt zu machen.
5. um die Sahne zu schlagen.
6. um seine Augen zu schützen.
7. um die Farbe zu trocknen.
8. um Schlagzeug zu spielen.

3. Wozu kann man das benutzen? Ergänzen Sie.

a) Normalerweise benutzt man einen Föhn *um die Haare zu trocknen.*_____

   Aber die Frau nimmt den Föhn, *damit die Farbe schneller trocken wird.*_____

b) Normalerweise benutzt man ein Wörterbuch _____

   Aber die Frau nimmt das Wörterbuch, _____

c) Normalerweise benutzt man eine Taucherbrille _____

   Aber der Mann nimmt die Taucherbrille, _____

d) Normalerweise benutzt man eine Bohrmaschine _____

   Aber der Mann nimmt die Bohrmaschine, _____

damit die Zwiebeln nicht die Augen reizen.   um Wörter nachzuschlagen.   um im Meer zu tauchen.

damit der Tisch nicht wackelt.   damit die Sahne steif wird.   um ein Loch in die Wand zu bohren.

	Er **will** den Keller **sauber machen.**
Er benutzt den Besen	**um** den Keller **sauber zu machen.**
	Der Keller **soll sauber werden.**
Er benutzt den Besen,	**damit** der Keller **sauber wird.**

werden			
ich	werde	wir	werden
du	**wirst**	ihr	werdet
er/sie/es/man	**wird**	sie/Sie	werden

Mia am Fenster. Es ist sehr früh am Morgen, die Straße still und leer. Sie schaut nach draußen.

Zeitungen stecken schon in den Briefkästen. Langsam biegt ein Lastwagen um die Ecke. Sie bemerkt, dass Tauben auf den Baum fliegen. Blätter fallen. Sie hat Zeit, findet es schön, dass sie noch ein wenig träumen kann und schließt für einen Moment die Augen. Es ist noch zu früh, um zu frühstücken.

Plötzlich sind Schritte auf der Treppe. Im Aquarium werden die Fische unruhig. Der große Lastwagen steht unten vor dem Haus. Der Flur wird dunkel. Ein Schatten ist an der Wohnungstür. Es klingelt, die Tür geht auf. Jemand stößt gegen das Telefon, eine Kiste fällt um. Noch ein Schatten! Sie versucht, so schnell wie möglich ins Schlafzimmer zu kommen. Da ist sie sicher und kann alles in Ruhe beobachten.

Sie kommen näher, einen Karton in den Händen. Jetzt sind sie direkt vor der Tür. Durch den Türspalt kann sie einen Stiefel sehen, schwarz und unglaublich groß. Ihr Herz klopft. Sie fürchtet, dass sie gleich im Zimmer sind. Doch sie gehen weiter, durch den Flur zum Treppenhaus. Waren sie da, um den Fernseher zur Reparatur abzuholen? Aber warum so früh am Morgen?

Vorsichtig schiebt sie die Tür zum Flur auf. Der steht voll mit Kisten und Schachteln. Niemand ist da. An der Decke brennt nur eine Glühbirne. Jetzt beginnt das Licht zu zittern. Sie spürt, dass die zwei gleich zurück sind, schafft es gerade

noch, ins Bad zu flüchten. Sie bleibt ganz still in ihrem Versteck, damit niemand sie entdeckt. Aber was ist hier passiert?

Der Föhn liegt in der Badewanne neben ein paar Shampooflaschen. Die Dusche ist voll mit Plastiksäcken. Im Waschbecken stehen Kartons und oben an der Wand fehlt der Spiegelschrank.

Auch im Wohnzimmer ist alles anders. Man hat Schränke und Regale abgebaut und die Teile an die Seite gestellt. Die Vorhänge fehlen, die Teppiche sind zusammengerollt. Zwei Sessel liegen umgekehrt auf der Couch.

„Mia!" Sie hört, dass die ganze Familie schon wach ist. Man ruft sie, doch sie antwortet nicht. Jetzt kommen die Schritte näher und näher. Jemand stößt die Tür auf. Sie erschrickt. Vier Hände greifen nach Kisten und Kartons, zwei Augenpaare schauen sie an. Blitzschnell jagt sie zur Tür. Doch plötzlich ist alles dunkel. Sie kann nichts sehen. Sie ist gefangen. Ein Karton mit Vorhängen ist auf sie gefallen. Jetzt ist es zu spät. Von selbst kann sie nicht entkommen.

„Oh, wer ist das denn?" sagt eine Stimme. Jemand hebt ganz langsam den Karton und befreit sie. Sie bekommt sogar einen Keks. Sie denkt, dass die zwei vielleicht doch ganz nett sind. Aber da sind sie schon wieder weg. Ohne Pause zu machen, schleppen sie alle Möbel nach unten. Keine Kiste vergessen sie, jeden Karton räumen sie in ihren Lastwagen. Schließlich ist die Wohnung leer.

Dann geht es los. Jemand setzt sie vorne in die Mitte auf eine Kiste. Sie fahren durch viele Straßen. Später werden die Häuser selten. Bäume ziehen vorbei. Sie findet es spannend, neben dem Fahrer zu sitzen. So kann sie alles sehen. Am Horizont tauchen Wälder auf. Schließlich wird die Fahrt langsamer und dann hält der Wagen schon.

Das neue Haus ist weiß gestrichen, hinten im Garten wächst ein Apfelbaum. Sie ziehen ein. Alle tragen Kartons. Drinnen fangen sie an auszupacken. Jeder sucht etwas. „Wo ist die Kiste mit den Kassetten?" „In welchem Karton ist die Kaffeemaschine?" „Gibst du mir mal den Briefkastenschlüssel, damit ich unser Namensschild anbringen kann?" Es ist schwierig, die Sachen zu finden, denn überall herrscht Chaos.

Doch das neue Haus ist so schön und so groß. Vom Balkon ist die Aussicht wunderbar. Mia schaut nach oben. Zwischen den Blättern fliegen Schatten. Vögel! Da fällt ihr ein, dass sie noch nicht gefrühstückt hat. Ein Sprung! Aber sie springt nicht hoch genug. „Miau."

4. Welche Bilder passen zum Text? X

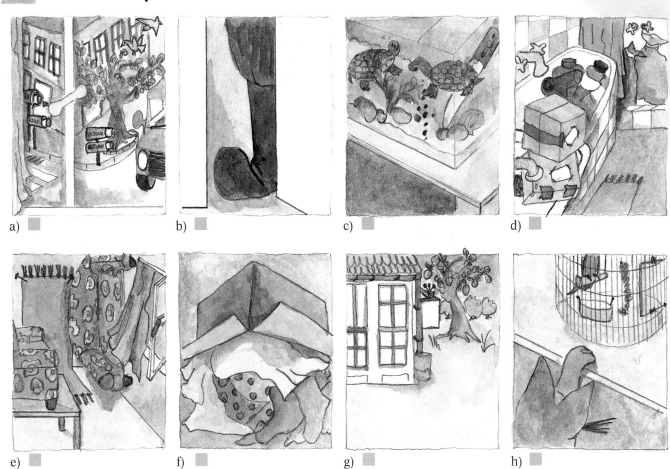

a) ▢ b) ▢ c) ▢ d) ▢

e) ▢ f) ▢ g) ▢ h) ▢

5. Was passt zum Text?

a) Mia hört, **2**
b) Weil es sehr früh am Morgen ist, ▢
c) Leute kommen in die Wohnung, ▢
d) Die Fische beginnen, ▢
e) Mia hat keine Chance, ▢
f) Beim Umzug arbeiten die Männer, ▢
g) Schließlich ist die Wohnung leer, ▢
h) Für Mia ist es spannend, ▢
i) Beim Einzug herrscht Chaos, ▢
j) Erst am Schluss erfährt man über Mia, ▢

1. unruhig durch das Aquarium zu schwimmen.
2. dass jemand im Treppenhaus ist.
3. gibt es kaum Verkehr auf der Straße.
4. von selbst aus dem Karton zu entkommen.
5. um Möbel abzuholen.
6. vorne im Lastwagen mitzufahren.
7. dass sie eine Katze ist.
8. deshalb ist es schwierig, die Sachen zu finden.
9. ohne Pause zu machen.
10. weil alle Möbel und Kisten im Lastwagen sind.

jeder Karton	alle Kartons	alles	Sie tragen alles nach unten.
jede Kiste	alle Kisten	nichts	Sie vergessen nichts.
jedes Haus	alle Möbel	etwas	Sie suchen etwas.

| Sie bemerkt: | Tauben **fliegen** | auf den Baum. |
| Sie bemerkt, **dass** | Tauben | auf den Baum **fliegen**. |

6. Das Bild mit dem Hirsch

Richtig (r) oder falsch (f)?

a) ▨ Hans-Dieter ist dabei, im Esszimmer Löcher zu bohren.

b) ▨ Er möchte, dass seine Frau zu ihm kommt.

c) ▨ Hans-Dieter meint, dass der Rahmen kitschig ist.

d) ▨ Elena sagt, dass das Bild romantisch ist und dass es ihr gefällt.

e) ▨ Elena versucht, im Wohnzimmer einen Platz für das Bild mit dem Hirsch zu finden.

f) ▨ Elena schlägt vor, das Bild zu messen.

g) ▨ Ohne Rahmen ist das Bild einen Meter breit und 70 Zentimeter hoch.

h) ▨ Elena möchte, dass sie das Bild neben dem Sofa aufhängen.

i) ▨ Hans-Dieter bohrt über dem Sofa vier Löcher für die Haken.

j) ▨ Der Vermieter hat gesagt, dass die Stromleitung mitten in der Wand ist.

k) ▨ Es klingelt und jemand klopft an die Tür.

l) ▨ Hans-Dieter und Elena sind ganz überrascht, dass ein Nachbar vor der Tür steht.

m) ▨ Tante Marga erwartet, dass das Bild schon hängt.

> Er bohrt **gerade** Löcher.
> Er **ist dabei,** Löcher **zu** bohren.

7. Tapeten mit Blumen

a) Richtig (r) oder falsch (f)?

a) ▨ Die Soße ist schon scharf, aber die Frau würzt sie noch schärfer.

b) ▨ Der Flur ist nicht sehr lang, aber länger als zwei Meter fünfzig.

c) ▨ Der Mann ist nur einen Meter sechzig groß, aber größer als seine Frau.

d) ▨ Das Maßband ist leider kürzer als einen Meter fünfzig.

e) ▨ Die Glühbirne im Flur ist nicht stark, aber stärker als 40 Watt.

f) ▨ Der Flur ist nicht sehr hoch, aber höher als zwei Meter.

g) ▨ Die Frau misst den Flur aus und wiederholt zum Schluss die Länge, die Breite und die Höhe.

h) ▨ Die Frau möchte Tapeten mit Blumen haben, weil sie das bei den Nachbarn gesehen hat.

Komparativ					
scharf	schärfer	groß	größer	kurz	kürzer
stark	stärker	hoch	höher		
lang	länger				

b) Was passt zusammen?

a) Sie nimmt noch etwas Pfeffer, damit die Soße **4**
b) Sie ist dabei, im Prospekt vom Baumarkt ▦
c) Sie erzählt ihrem Mann, dass der Baumarkt ▦
d) Er meint, dass seine Frau ▦
e) Sie benutzt das Maßband, um im Flur ▦
f) Er notiert, dass der Flur ▦
g) Für ihn ist es wichtig, ▦
h) Er ist einverstanden, nach dem Mittagsschlaf ▦
i) Sie möchte, dass sie gemeinsam ▦

1. viele Sonderangebote hat.
2. erst einmal Mittagsschlaf zu halten.
3. den Flur mit Blumentapeten tapezieren.
4. noch ein bisschen schärfer wird.
5. zum Baumarkt zu fahren.
6. den Flur auch später ausmessen kann.
7. zu lesen.
8. die Länge, die Breite und die Höhe zu messen.
9. nur einen Meter neunzig breit ist.

8. Möbel im Sonderangebot

a) Hören Sie die Gespräche und ergänzen Sie die Tabelle.

	Gespräch 1	Gespräch 2	Gespräch 3
	Herr Fischer	**Frau Nolde**	**Herr Freund**
Beruf:	*Rentner*	_____	_____
Möbel:	_____	*Schreibpult*	_____
Preis:	_____	_____	*1.111 €*

| Psychologe | Fernsehsessel | 777 € |
| Schlafsofa | Schriftstellerin | 850 € |

b) Hören Sie die Gespräche noch einmal. Was passt?

Herr Fischer hat das Möbelstück gekauft um ▦
            möchte lieber ▦
            findet, dass das Möbelstück ▦
            hat vor, das Möbelstück ▦

Frau Nolde hat das Möbelstück gekauft um ▦
            möchte lieber ▦
            findet, dass das Möbelstück ▦
            hat vor, das Möbelstück ▦

Herr Freund hat das Möbelstück gekauft um ▦
            möchte den Besuch ▦
            findet, dass das Möbelstück ▦
            hat vor, das Möbelstück ▦

1. bei der Arbeit stehen zu können.
2. ein Bett für Gäste zu haben.
3. stehen als sitzen, wenn sie schreibt.
4. gemütlicher fernsehen zu können.
5. ins Gästezimmer zu stellen.
6. zu Hause als im Kino Filme anschauen.
7. praktisch ist.
8. gut zum Couchtisch passt.
9. lieber zu Hause als im Hotel unterbringen.
10. schön aussieht.
11. ins Arbeitszimmer ans Fenster zu stellen.
12. neben die Heizung zu stellen.

9. Hören Sie und sprechen Sie nach.

Zwei Wölfe liegen auf dem Dach
und sieben Schafe toben.
Drei Kinder spielen nah am Bach,
die Wölfe sind noch oben.
So ein Glück! Die Wölfe schlafen.
Kinder, seht doch auf das Dach!
Geht nach Hause mit den Schafen!
Denn die Wölfe sind bald wach.

Unten liegen ein paar Katzen
bequem auf ihren Luftmatratzen.
Sie sehen oben Hunde fliegen.
Die sehen unten Katzen liegen.
Die Hunde winken mit den Ohren.
Laut sind ihre zwei Motoren.
Die Katzen winken mit den Füßen,
um die Piloten zu begrüßen.

10. Vokale – lang oder kurz? Hören Sie und sprechen Sie nach.

a)

Ein Haar liegt in der Suppe.
Sie spielt mit einer Puppe.
Der Kellner ist bequem.
Das Haar ist ein Problem.
Der Kellner will nur schlafen.
Ein Boot liegt still im Hafen.
Das Haar ist von der Puppe.
Es liegt noch in der Suppe.

b)

● Die Jacke ist ganz nass.
■ Und auch mein Reisepass.
● Schau: Alles ist voll Schnee.
■ Macht nichts, wir kochen Tee.
● Der Ofen heizt sehr gut.
■ Er trocknet deinen Hut.
● Die Mützen und die Socken …
■ Sie sind bestimmt bald trocken.

c) Notieren Sie. Ist der Vokal kurz (k) oder lang (l)?

| Suppe | ▮ | Reisepass | ▮ | Schnee | ▮ | bequem | ▮ | gut | ▮ | schlafen | ▮ | Socken | ▮ |
| Puppe | ▮ | nass | ▮ | Tee | ▮ | Problem | ▮ | Hut | ▮ | Hafen | ▮ | trocken | ▮ |

11. Hören Sie und sprechen Sie nach.

Ergänzen Sie die Wörter.

Der Clown fällt auf die Nase.
Der Ball fällt auf die _____.

Am Morgen steht er schon am Meer,
denn Delfine mag er _____.

Ein Pfarrer mit acht Haaren
kann viel Shampoo _____.

Gute Nacht. Jetzt noch ein Kuss.
Aber dann ist wirklich _____.

Die Spinne sitzt im Zimmer
und spinnt ein Netz, wie _____.

Das Krokodil liegt ganz still,
weil es am Nil schlafen _____

will   *sparen*

immer

Schluss

Vase

sehr

- Oh, deine Wohnung ist ja schön und groß!
- Ja, das stimmt. Viel größer als die in der Berliner Straße.
- Wie viele Quadratmeter hat sie denn?
- Zusammen sind es 83.
- Und wie viele Zimmer hat sie?
- Drei Zimmer, Küche und Bad. Außerdem gibt es einen Balkon.
- Prima. Hast du lange gebraucht, um die Wohnung zu finden?

- Ein paar Wochen. Ich habe sie über eine Anzeige in der Zeitung bekommen.
- Und wie viel Miete bezahlst du jetzt?
- 550 Euro pro Monat, ohne Nebenkosten.
- Das geht ja.
- Übrigens, am Samstag mache ich eine Feier. Ich hoffe, dass du auch kommen kannst.

12. Variieren Sie das Gespräch.

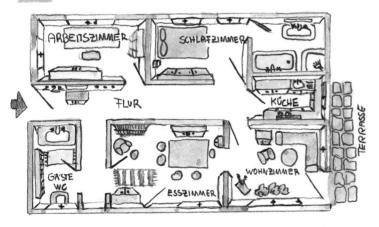

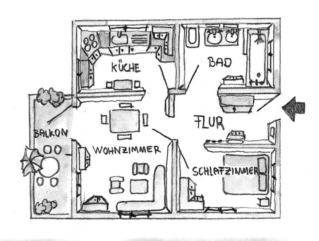

Aussehen:	schön, hell	schön, hoch
Größe:	90 m²	55 m²
Zimmer:	4 Zimmer, Küche, Bad, Gästetoilette	2 Zimmer, Küche, Bad
außerdem:	Terrasse	Balkon, Aufzug
bekommen über:	Freund	Makler
Miete (ohne Nebenkosten):	750 €	400 €
Einweihungsparty:	Freitag in 2 Wochen	Samstag in 3 Wochen

13. Hören Sie zu und schreiben Sie.

_____ Fischer _____ _____ _____ , _____ _____ _____ _____ In _____ _____

_____ _____ _____ _____ _____ _____ . _____ _____ _____ , alles _____ _____ _____

_____ . _____ _____ _____ _____ Problem _____ _____ _____ _____ . _____

_____ Meter _____ . Sohn _____ , _____ _____ _____ _____ _____ .

Aber _____ _____ _____ _____ _____ .

14. Haustausch

a) Lesen Sie die Anzeige.

Haustausch im Urlaub

Zeit: 1. bis 24. August

Wir bieten:
Unser Einfamilienhaus in Oberösterreich.
Herrliche Lage, direkt am Mondsee.

Wir suchen:
Haus mit Garten, an der Ostsee.

Wer möchte mit uns tauschen?

Fam. Goldau
A–5310 St. Lorenz, Tel: +43 6232 995176

b) Lesen Sie die Hinweise.

Bitte einschalten.

So ist die Heizung an.

Bitte nicht vergessen,
wenn Sie duschen wollen.

Nicht vergessen, fest
zuzudrehen.

Wenn Sie Ihr Bier gern kalt
trinken ....

Es ist wunderbar, hier zu
wandern.

Fest drücken und dann
drehen.

Alles aus? – Alles zu?

c) Ergänzen Sie die Sätze.

St. Lorenz am Mondsee

Liebe Familie Nees,
vielen Dank für Ihren Brief und die Informationen zu Ihrem Haus an der Ostsee. Wir wünschen Ihnen ebenfalls viel Spaß und einen schönen Urlaub bei uns hier am Mondsee. Hier ist unsere Liste für Sie:

Für alle Fälle:
- Eine Liste mit Telefonnummern liegt neben dem Telefon (Ärzte, Feuerwehr, Autowerkstatt, Taxi usw.).
- Wichtig: Sie müssen immer zuerst eine Null wählen, _____.

Ankunft:
- Schlüssel: Holen Sie die Hausschlüssel bitte bei den Nachbarn (Familie Mitteregger) ab.
- Strom: Neben der Kellertür ist der Kasten mit den Sicherungen. Schalten Sie bitte die Hauptsicherung ein, _____.
- Heizung: Sie müssen nur den Hauptschalter drücken. Normalerweise leuchtet dann die Kontrolllampe. _____, warten Sie bitte ein paar Minuten und versuchen Sie es dann noch einmal.
- Warmwasser im Bad: Normalerweise soll der Regler auf Stufe I stehen. _____ _____ müssen Sie den Regler auf III stellen.

Verschiedenes:
- _____, finden Sie die Holzkohle im Keller.
- Die Müllabfuhr kommt immer am Donnerstag sehr früh morgens. Deshalb ist es am besten, die Müllsäcke schon am Mittwoch Abend _____.
- _____, muss man einen Trick benutzen: Drücken Sie fest gegen den Griff und drehen Sie ihn gleichzeitig nach rechts.
- Noch eine Bitte: Unsere Fische haben jeden Tag Hunger. Vergessen Sie bitte nicht, _____.
- Bitte beachten: Der Wasserhahn im Gäste-WC tropft, _____.
- Die Kühlschranktür klemmt ein bisschen. Es ist wichtig, _____.
- Ausflüge: Sie haben bestimmt vor, _____. Karten vom Mondsee und auch von Österreich finden Sie in der Kommode.
- Schließen Sie bitte immer die Kellertür, _____.

Abreise:
- Vergessen Sie nicht, _____. Machen Sie bitte alle Fensterläden zu, schließen Sie die Tür zweimal ab und bringen Sie dann den Schlüssel wieder zu Mittereggers.

Einen schönen Urlaub wünscht Ihnen
Familie Goldau

Um das Garagentor zu öffnen   wenn man ihn nicht fest zudreht   damit Sie Strom haben
an die Straße zu stellen
sie zu füttern
die Hauptsicherung und die Heizung auszuschalten   Wenn sie nicht sofort leuchtet
dass Sie sie fest zumachen
hier zu wandern
Wenn Sie grillen wollen   damit keine Mäuse ins Haus kommen
wenn Sie telefonieren wollen   Um zu duschen

a) Die Banane ist weiß.

b) Das Meer ist rot.

c) Die Lippen sind gelb.

d) Die Sahne ist schwarz.

e) Die Blätter sind blau.

f) Die Kohle ist grün.

1. Ergänzen Sie.

a) Eigentlich sind Bananen *gelb*.

b) Eigentlich ist das Meer _____.

c) Eigentlich sind Lippen _____.

d) Eigentlich ist _____.

e) Eigentlich _____.

f) Eigentlich _____.

2. Vergleichen Sie. Auf dem Bild rechts fehlen 10 Dinge.

Was fehlt auf dem Bild rechts?

a) der rote Ball

b) die schwarze Handtasche

c) das gelbe Auto

d) die grünen Gummistiefel

e) das _____ Fahrrad

f) der _____ Regenschirm

g) der _____ Koffer

h) die _____ Handschuhe

i) die _____ Blumenvase

j) der _____ Hut

k) die _____ Strümpfe

l) die _____ Schuhe

blauen   rote   schwarze   blaue

rote   grüne   gelben   schwarzen

der rote Ball	die roten Bälle
die rote Tasche	die roten Taschen
das rote Auto	die roten Autos

3. Was passt zusammen?

a) Ein alter Mann ☐   1. trinkt Wein.

b) Eine dicke Frau ☐   2. steht auf dem Ofen.

c) Ein verliebtes Paar ☐   3. läuft über die Brücke.

d) Fette Würste ☐   4. schwimmen im Sahnesee.

e) Ein großer Käse ☐   5. nascht Schokolade.

f) Eine heiße Suppe ☐   6. isst ein Eis.

g) Ein langes Brot ☐   7. liegt auf der Wiese.

h) Rote Kirschen ☐   8. hängen im Apfelbaum.

4. Was ist noch auf dem Bild?

a) ein _____ Fluss

b) eine _____ Torte

c) ein _____ Schwein

d) _____ Weintrauben

e) eine _____ Limonade

f) ein _____ Pudding

g) ein _____ Pferd

h) _____ Hühner

gelbe   roter   blauer   dickes   weißes   große   bunte   blaue

der Mann	ein alter Mann
die Frau	eine alte Frau
das Paar	ein altes Paar
die Würste	fette Würste

Über Geschmack kann man nicht streiten

Liebe Leserin, lieber Leser, habe ich eigentlich das Recht, über den Geschmack anderer Leute zu urteilen? Da fällt mir zum Beispiel meine Freundin Vera ein. Sie liebt die Abwechslung und macht jede Mode mit: Kurze Röcke, lange Röcke, enge Kleider, weite Kleider, hohe Schuhe, flache Schuhe, große Hüte, kleine Hüte. Ständig kauft sie neue Sachen und findet es toll, wenn sie jeden Tag ihre private Modenschau machen kann. Leider hat sie kein Gefühl dafür, was zu ihr passt. Muss eine erwachsene Frau denn nicht irgendwann einen eigenen Stil entwickeln? Wenn ich sie treffe, ist ihre erste Frage immer: „Na, wie steht mir das?" Ich gebe ihr schon lange keine ehrliche Antwort mehr, weil sie dann beleidigt ist. Ich selbst trage meistens eine dunkle Hose und einen hellen Pullover. Das findet Vera ausgesprochen langweilig. Vielleicht hat sie ja sogar ein bisschen Recht, aber über dieses Thema will ich mit Vera nicht diskutieren. Schließlich ist sie meine Freundin und es gibt wichtigere Dinge. **Sie hat ihren Geschmack und ich habe meinen.**

Mein Sohn heißt Michael und ist 17. Er hat einen ganz speziellen Geschmack. Neulich hat er sein Zimmer renoviert. Jetzt gibt es da eine rote Wand, eine grüne Wand und zwei gelbe Wände. Die Decke wollte er schwarz streichen, aber da habe ich protestiert. Jetzt ist die Decke grau. Das war unser Kompromiss. Warum keine schwarze Zimmerdecke? Mein Sohn findet das schön. Er sagt, dass er dann an den schwarzen Nachthimmel und das unendliche Universum denkt, wenn er im Bett liegt. Davon bekommt man schreckliche Alpträume, sage ich, und außerdem ist eine schwarze Decke hässlich. Michael bleibt bei seiner Meinung. Er ist sowieso sicher, dass ein Erwachsener ihn nicht verstehen kann. **Deshalb habe ich aufgehört, mit Michael über Geschmack zu streiten.**

Mit meiner Tochter Lara ist es auch nicht ganz einfach. Unser aktuelles Thema heißt ‚Piercing'. Ist es nicht verrückt, überall Löcher in die Haut zu bohren,

Oder doch? –
Unsere Redakteurin
Helga Fächer, 39 und
Mutter von zwei Kindern,
macht sich heute
Gedanken zum Thema
Geschmack.

nur um Schmuckstücke zu befestigen? Diese Mode ist einfach pervers, finde ich. Meine Tochter hat da eine andere Meinung. Sie findet es toll. Bisher konnte ich das Schlimmste verhindern, weil sie erst 14 ist und gelegentlich noch auf mich hört. Also sind wir zusammen zum Juwelier gegangen und jetzt hat sie rechts zwei und links drei Ringe im Ohr. Glücklich bin ich nicht, weil ich finde, dass ein Ohrring pro Ohr genug ist. Trotzdem muss ich erst einmal zufrieden sein, denn für die Zukunft sehe ich schwarz. Ich weiß nämlich, dass Lara feste Pläne hat: Erst will sie einen kleinen Ring am Auge und dann einen roten Stein an der Nase. Aber was soll ich tun? **Meine Tochter hat einfach einen verrückten Geschmack.**

Allerdings muss ich sagen, dass meine Eltern es auch nicht leicht mit mir hatten. Als kleines Kind musste ich sonntags immer ein weißes Kleid tragen. Das war damals so üblich. Aber ich habe dieses Kleid gehasst. Es war unbequem und ich konnte nicht richtig spielen, weil es natürlich sauber bleiben musste und keine Flecken bekommen durfte. Wenn ich das Kleid anziehen musste, habe ich immer einen Wutanfall bekommen. Ich wollte immer Jeans anziehen, weil ich dann rennen und auf Bäume klettern konnte. Nur Jeans waren für mich schön, genau mein Geschmack. Aber meine Eltern hatten eine klare Meinung: **Ein Kind hat noch keinen Geschmack.**

Das war natürlich nicht der einzige Konflikt. Bis zum fünften Schuljahr hatte ich lange blonde Zöpfe. Diese Zöpfe waren für mich irgendwann genauso schrecklich wie vorher das weiße Kleid. Und natürlich hatten meine Eltern wieder kein Verständnis. Ich musste diese Frisur haben, weil alle braven kleinen Mädchen Zöpfe hatten. Aber erstens wollte ich kein braves Kind sein und zweitens waren lange Haare nicht mehr modern. Ich wollte eine freche kurze Frisur wie meine Freundinnen. „Diese Mädchen sehen aus wie Jungen", haben meine Eltern geantwortet. Weil ich nicht zum Friseur gehen durfte, habe ich meine Haare selbst heimlich abgeschnitten. Meine Mutter hatte einen Nervenzusammenbruch und mein Vater hat eine Woche nicht mehr mit mir gesprochen. **Meine Eltern hatten einfach keinen Geschmack, das war mir klar.**

Gerade muss ich an meine kleine Nichte denken, weil sie heute Geburtstag hat. Das Kind hat lange Haare und trägt am liebsten Zöpfe. Ihre Mutter findet diese Frisur sehr unpraktisch, weil es viel Zeit kostet, die Haare zu kämmen. Aber meine Nichte will keine kurzen Haare, weil sie ja ein Mädchen ist und nicht wie ein Junge aussehen möchte. Gestern war ich mit ihr in der Stadt, um für sie ein Geburtstagsgeschenk zu kaufen. Sie wollte unbedingt ein weißes Kleid haben. Immer muss sie Jeans tragen, das arme Kind. Also habe ich ihr ein weißes Kleid gekauft, und sie sieht entzückend aus. **Das Kind hat Geschmack.**

Bis zum nächsten Mal
Ihre Helga Fächer

5. Welcher Satz passt zu welcher Person?

Helga Fächer (H); Vera (V); Michael (M); Lara (L)

a) **H** Ihre langen Zöpfe hat sie selbst abgeschnitten.

b) ▨ Einen einfachen Kleidungsstil findet sie langweilig.

c) ▨ Demnächst möchte sie noch mehr Schmuck im Gesicht haben.

d) ▨ Sie findet schwarze Zimmerdecken hässlich.

e) ▨ Erwachsene können seinen Geschmack nicht verstehen.

f) ▨ Sie zieht nur moderne Kleidung an.

g) ▨ Seine Zimmerdecke wollte er am liebsten schwarz haben.

h) ▨ In einem Ohr trägt sie drei Ringe.

i) ▨ Ihre Eltern wollten ein braves Kind mit Zöpfen.

j) ▨ Sie ist vierzehn Jahre alt.

k) ▨ Ihre Nichte will keine Frisur wie ein Junge haben.

6. Was schreibt Helga Fächer? – Richtig (r) oder falsch (f)?

a) **f** Sie trägt sehr oft helle Hosen und dunkle Pullover.

b) ▨ Ihre Nichte muss sonntags immer ein weißes Kleid anziehen.

c) ▨ Sie gibt ihrer Freundin nicht immer eine ehrliche Antwort.

d) ▨ Ihre Tochter denkt im Bett an den schwarzen Nachthimmel.

e) ▨ Ihrer Nichte hat sie einen roten Pullover zum Geburtstag geschenkt.

f) ▨ Lange Haare findet ihre Nichte schön.

g) ▨ Als Kind wollte sie keine langen Zöpfe mehr haben.

h) ▨ Ihr Sohn möchte im Bett an das unendliche Universum denken.

i) ▨ Sie findet es entzückend, wenn Mädchen einen kleinen Ring am Auge tragen.

j) ▨ Den verrückten Geschmack ihrer Tochter findet sie schrecklich.

k) ▨ Ihr Sohn hat in seinem Zimmer eine rote Wand.

l) ▨ Sie wollte immer ein braves Kind sein.

Sie trägt	einen roten Pullover. eine graue Hose. ein weißes Kleid. grüne Schuhe.	Sie trägt	den roten Pullover. die graue Hose. das weiße Kleid. die grünen Schuhe.

7. Was passt zusammen?

a) Wenn sie ihr weißes Sonntagskleid anziehen musste, ▨

b) Michael durfte seine Zimmerdecke nicht schwarz streichen, ▨

c) Obwohl sie ihre Zöpfe behalten sollte, ▨

d) Helga konnte nicht auf Bäume klettern, ▨

e) Weil ihre Nichte zum Geburtstag ein weißes Kleid haben wollte, ▨

f) Helga wollte kurze Haare haben, ▨

g) Weil das weiße Kleid keine Flecken bekommen durfte, ▨

1. ist Helga mit ihr in die Stadt gegangen.

2. wenn sie ihr weißes Kleid getragen hat.

3. hat Helga immer einen Wutanfall bekommen.

4. weil das modern war.

5. konnte Helga nicht richtig spielen.

6. weil seine Mutter das hässlich findet.

7. hat Helga sie abgeschnitten.

Präsens	er will	er soll	er muss	er darf	er kann
Präteritum	er **wollte**	er **sollte**	er **musste**	er **durfte**	er **konnte**

8. „Meine Handtasche ist weg!"

Lesen Sie die Texte. Hören Sie dann das Interview.
Welcher Text passt? ☒

a) Die alte Dame ist auf dem Polizeirevier, um einen
☐ Diebstahl zu melden. Sie erzählt, dass sie mit dem
Bus gefahren ist. Neben ihr hat ein junger Mann mit
langen Haaren gesessen. Er hatte eine rote Mütze auf
und eine schwarze Lederjacke an. An der Haltestelle
„Goetheplatz" ist er ausgestiegen. Ein paar Minuten
später wollte die alte Dame ein Taschentuch aus ihrer
Handtasche nehmen. Da hat sie gemerkt, dass ihre
Tasche nicht mehr da war. Zum Glück war nur wenig
Geld darin.

b) Die alte Dame ist auf dem Polizeirevier, um einen
☐ Diebstahl zu melden. Sie sagt, dass sie mit der U-Bahn
nach Hause fahren wollte. Da ist ein Mann mit einem
schwarzen Bart und einer roten Mütze eingestiegen
und hat sie nach der Uhrzeit gefragt. Danach ist eine
Frau mit einem bunten Kleid gekommen. An der
nächsten Station hat ihr diese Frau plötzlich die Handtasche weggerissen. Dann sind beide ausgestiegen und
weggerannt. Zum Glück war kein Geld in der Tasche.

c) Die alte Dame ist auf dem Polizeirevier, um einen
☐ Diebstahl zu melden. Sie ist sehr aufgeregt, weil man
ihr die Handtasche gestohlen hat. Der Dieb war ein
kleiner Mann mit einem schwarzen Bart und einer
großen Sonnenbrille. Die alte Dame erzählt, dass sie
mit der U-Bahn gefahren ist und gerade aussteigen
wollte. Plötzlich hat dieser Mann neben ihr gestanden. Er hat ihr die Tasche aus der Hand gerissen und
ist weggerannt. Zum Glück hatte sie kein Geld dabei.

> mit ein**em** schwarz**en** Bart
> mit ein**er** rot**en** Mütze
> mit ein**em** bunt**en** Kleid
>
> mit lang**en** Haaren

9. „Ich kenne ihn doch gar nicht!"

Hören Sie den Dialog. Richtig (r) oder falsch (f)?

Der Kollege … a) ☐ kommt mit dem Flugzeug aus Berlin.
b) ☐ kommt um Viertel nach drei am Bahnhof an.
c) ☐ ist ziemlich groß.
d) ☐ ist nicht sehr groß.
e) ☐ trägt eine schmale Brille.
f) ☐ hat immer eine bunte Krawatte an.
g) ☐ trägt meistens einen schwarzen Hut.
h) ☐ hat schwarze Haare.
i) ☐ ist rothaarig.
j) ☐ trägt einen Ohrring im linken Ohr.
k) ☐ ist noch ziemlich jung.

10. „Das muss ich unbedingt mitnehmen!"

Wer sagt was? (M = Mann; F = Frau)

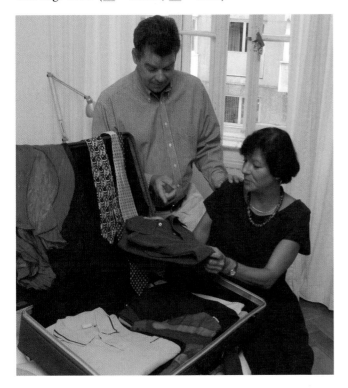

a) ▢ „Was für ein Koffer ist das denn?"
b) ▢ „Ich habe ihn geliehen, weil er so schön groß ist."
c) ▢ „Welches Hemd ist schmutzig?"
d) ▢ „Was für eine Krawatte ist besser?"
e) ▢ „Welche Jacke passt besser zu dieser Hose?"
f) ▢ „Aber du hast doch schon zwei eingepackt!"
g) ▢ „Welcher Schal ist nicht da?"
h) ▢ „Ich will im Urlaub meine Ruhe haben!"
i) ▢ „Ich habe meinem Chef gesagt, dass er mich anrufen kann."
j) ▢ „Was für Ferien sollen das sein?"

Welcher Schal?	– **Der** graue Schal.
Welche Jacke?	– **Die** blaue Jacke.
Welches Hemd?	– **Das** weiße Hemd.
Welche Schuhe?	– **Die** schwarzen Schuhe.
Was für ein Koffer?	– **Ein** brauner Koffer.
Was für eine Krawatte?	– **Eine** helle Krawatte.
Was für ein Hemd?	– **Ein** blaues Hemd.
Was für Ferien?	– Schöne Ferien.

11. „Das ist ein schrecklicher Typ!"

Lisa spricht über ihren neuen Kollegen. Was passt zusammen?

a) „Alle Frauen finden ihn toll, ▢
b) „Er merkt einfach nicht, ▢
c) „Ich habe keine Lust, ▢
d) „Es geht mir auf die Nerven, ▢
e) „Wenn er morgens ins Büro kommt, ▢
f) „Mit seinen weißen Socken ▢
g) „Wenn der Chef ins Zimmer kommt, ▢
h) „Morgens kommt er meistens zu spät, ▢

1. trinkt er immer zuerst Milch."
2. ihm dauernd Ratschläge zu geben."
3. wird er immer ganz nervös."
4. dass ich seine Witze blöd finde."
5. sieht er einfach lächerlich aus."
6. weil er Probleme mit seinem Auto hat."
7. dass er so viel redet."
8. weil er so gut aussieht."

12. Sprechen Sie nach.

Fritz ist ein schlauer Bauer.
Er steigt auf eine Mauer.
Da merkt der schlaue Bauer:
Die Äpfel sind noch sauer.

Fritz ist ein lieber Vater
und Kurt ein schwarzer Kater.
Der liebe Fritz sucht Kurt im Keller.
Der schwarze Kater ist viel schneller.

13. Sprechen Sie nach.

a) Eine hübsche, kleine, weiche Puppe
   isst eine gute, heiße, scharfe Suppe.

b) Eine dicke, warme, rote Mütze
   fliegt in eine tiefe, kalte, nasse Pfütze.

c) Eine große, schwere, schwarze Tasche
   liebt eine kleine, leichte, rote Flasche.

14. Sprechen Sie nach.

a) War es heute brav,
   das kleine weiße Schaf?

   Ein kleines weißes Schaf
   ist doch immer brav!

b) Schneidet es denn besser,
   das neue scharfe Messer?

   Ein neues scharfes Messer
   schneidet immer besser!

c) Kennt denn die kleine Maus
   das leere alte Haus?

   Ein leeres altes Haus
   kennt doch jede Maus!

● Schau mal, die Frau da drüben. Die kenne ich.
■ Wen meinst du?
● Die Frau mit dem großen Hut und der grünen Jacke.
■ Meinst du die mit dem gelben Schirm in der Hand?
● Ja, die meine ich. Komm, lass uns mal zu ihr gehen.

15. **Variieren Sie das Gespräch.**

… Mann dort unten
   … mit dem blauen Mantel und dem roten Schal
   … mit der braunen Tasche?
   … möchte ihn gern begrüßen

… Frau da vorne
   … mit dem langen Kleid und den grünen Schuhen
   … mit dem kleinen Hund?
   … lass uns mal „Guten Tag" sagen

… Mann da hinten
   … mit der roten Jacke und der schwarzen Mütze
   … mit dem blauen Koffer?
   … möchte dich gern vorstellen

… Frau da oben
   … mit dem weißen Rock und dem schwarzen Pullover
   … mit den langen Haaren?
   … möchte gern mit ihr reden

● Schau mal, der Mann da drüben. Den kenne ich.
■ Wen meinst du?
● Den Mann mit dem blauen Mantel und dem roten Schal.

■ Meinst du den mit der braunen Tasche?
● Ja, den meine ich.
   Komm, ich möchte ihn gern begrüßen.

16. Hören Sie zu und schreiben Sie.

Eine _____ _____ _____ ___ _____. _____ trägt _____ _____ _____, ___ _____ _____ _____ _____. Plötzlich _____ ___ _____ _____ _____ _____ _____. _____ _____ durch _____ _____ _____. Doch ___ _____ ____ _____ _____ _____ _____.

17. Beschreiben Sie das Bild.

In der Mitte steht ein rundes Haus. Es sieht ungewöhnlich aus: Das Dach ist aus einem gelben Brief, die Wände bestehen aus _____ Büchern. Links neben dem Haus brennt eine _____ Kerze. Daneben wächst ein _____ Baum. Zwischen seinen Blättern sieht man zwei braune und zwei _____ Augen. Hinter dem Haus beginnt ein Wald. Er ist auch _____ . Vor dem Haus gibt es einen _____ Garten mit _____ Blumen und einer _____ Brücke. Darüber hängt ein _____ Käfig. Darauf sitzen zwei _____ Tauben. Links im Hintergrund kann man einen _____ Stern erkennen. Am rechten Rand sieht man einen _____ Tisch, darunter das Meer. Darin schwimmt ein _____ Delfin.

dicken   roter   grüne   weißen   grünen   blaue
kleinen
bunten   offener   langen   kleiner   blau   weiße

> Ein Garten ist **vor** dem Haus.
> Ein Garten ist **davor**.
>
> Tauben sitzen **auf** dem Käfig.
> Tauben sitzen **darauf**.

18. Ergänzen Sie den Brief.

Lieber Jan,

gestern habe ich eine Kunstausstellung im Rathaus besucht. Drei Bilder haben mir besonders gut gefallen. Auf dem ersten Bild sieht man im Vordergrund einen langen Tisch. Darauf liegt ein grüner Stern, darunter steht ein gelber Vogel. In der Mitte gibt es einen blauen Wald. Darüber fliegt ein weißer Fisch. Im Hintergrund geht ein Mann mit einem roten Schirm am Himmel spazieren.

Auf dem zweiten Bild ist im Vordergrund eine graue Straße. Darauf fährt ein

_____ _____. In der Mitte sieht man eine _____ _____.

Darauf wachsen _____ _____. Darunter steht eine _____

_____. Im Hintergrund erkennt man zwei _____ _____.

Auf dem dritten Bild kann man im _____ ein _____ _____

sehen. Darin sitzt eine _____. Sie hat lange _____ _____

und schöne braune _____. In der _____ sieht man ein _____

Meer. Darauf schwimmt ein _____. Im _____ erkennt man ein

_____ _____ mit _____ _____.

Ich möchte gerne noch einmal in die Ausstellung gehen.
Hast du nicht Lust mitzukommen?

Liebe Grüße
Sara

Bild 3

Mitte	weiß	Sofa
Hintergrund	blau	Haare
Vordergrund	blond	Puppe
	grün	Augen
	offen	Fenster
	rund	Haus
	gelb	Buch

Bild 2

rot	Segelboot
bunt	Blumen
gelb	Brücke
breit	Bäume
blau	Kerze

Grammatik-Übersicht

Die systematische Grammatik-Übersicht dient dem Verständnis der wichtigen Kapitel der deutschen Grammatik. Blass gedruckte Formen sind ungebräuchlich und nur wegen der Systematik aufgenommen. Weitere Einzelheiten und Sonderfälle sind im Zusammenhang jeder Lektion im Arbeitsbuch dargestellt.

Artikel und Nomen

§1 Artikel und Kasus bei Nomen

Definiter Artikel

	Nominativ	Akkusativ	Dativ	Genitiv
Maskulinum	der Mann	den Mann	dem Mann	des Mannes
Femininum	die Frau		der Frau	
Neutrum	das Kind		dem Kind	des Kindes
Plural	die Leute		den Leuten	der Leute

✳ *Bei Femininum, Neutrum, Plural: Akkusativ = Nominativ.*
Im Plural: Kein Unterschied zwischen Maskulinum – Femininum – Neutrum.

Indefiniter Artikel

	Nominativ	Akkusativ	Dativ	Genitiv
Maskulinum	ein Mann	einen Mann	einem Mann	eines Mannes
Femininum	eine Frau		einer Frau	
Neutrum	ein Kind		einem Kind	eines Kindes
Plural	Leute		Leuten	(von Leuten)

§2 Artikelwörter wie definiter Artikel

dieser, jeder (*Plural:* alle), mancher; *Frageartikel* welcher?

	Nominativ	Akkusativ	Dativ	Genitiv
Maskulinum	dieser jeder mancher welcher Mann	diesen jeden manchen welchen Mann	diesem jedem manchem welchem Mann	dieses jedes manches welches Mannes
Femininum	diese jede manche welche Frau		dieser jeder mancher welcher Frau	
Neutrum	dieses jedes manches welches Kind		diesem jedem manchem welchem Kind	dieses jedes manches welches Kindes
Plural	diese alle manche welche Kinder		diesen allen manchen welchen Kindern	dieser aller mancher welcher Kinder

§3 Artikelwörter wie indefiniter Artikel

Negationsartikel *kein*

Possessivartikel *mein, dein …*

ich:	mein	wir:	unser
du:	dein	ihr:	euer
er:	sein	sie:	ihr
sie:	ihr	Sie:	Ihr
es:	sein		

Ich habe ein Telefon

Das ist **ein** Telefon. Das ist **kein** Telefon. Das ist **mein** Telefon.

	Nominativ	*Akkusativ*	*Dativ*	*Genitiv*
Maskulinum	kein mein dein sein ihr Sohn unser * euer ihr/Ihr	kein**en** mein**en** dein**en** sein**en** Sohn ih**ren** unser**en** eu**ren** ih**ren**/Ih**ren**	kein**em** mein**em** dein**em** sein**em** Sohn ih**rem** unser**em** eu**rem** ih**rem**/Ih**rem**	kein**es** mein**es** dein**es** sein**es** Sohn**es** ih**res** unser**es** eu**res** ih**res**/Ih**res**
Femininum	kein**e** mein**e** dein**e** sein**e** Tochter ih**re** unser**e** eu**re** ih**re**/Ih**re**		kein**er** mein**er** dein**er** sein**er** Tochter ih**rer** unser**er** eu**rer** ih**rer**/Ih**rer**	
Neutrum	kein mein dein sein Kind ihr unser * euer ihr/Ihr		kein**em** mein**em** dein**em** sein**em** Kind ih**rem** unser**em** eu**rem** ih**rem**/Ih**rem**	kein**es** mein**es** dein**es** sein**es** Kind**es** ih**res** unser**es** eu**res** ih**res**/Ih**res**
Plural	kein**e** mein**e** dein**e** Söhne sein**e** Töchter ih**re** Kinder unser**e** eu**re** ih**re**/Ih**re**		kein**en** mein**en** dein**en** Söhne**n** sein**en** Töchter**n** ih**ren** Kinder**n** unser**en** eu**ren** ih**ren**/Ih**ren**	kein**er** mein**er** dein**er** Söhne sein**er** Töchter ih**rer** Kinder unser**er** eu**rer** ih**rer**/Ih**rer**

* eu**er** Sohn, eu**er** Kind; *aber* eu**re** Söhne, eu**re** Kinder *usw.*

§4 Nomen: Gebrauch ohne Artikel

Plural des indefiniten Artikels:	Sie haben **Kinder**.
Beruf oder Funktion:	Er ist **Reporter**.
	Sie ist **Hobby-Fotografin**.
Nationalität:	Er ist **Franzose**.
Unbestimmte Menge:	**Geld** braucht sie nur für ihre Kameras.
Abstrakter Begriff:	Ihr Segelboot bedeutet **Freiheit**.

§5 Nomen: Formen im Plural

Singular	*Symbol für Plural*	*Plural Nom. / Akk.*	*Plural Dativ*	*So steht es in der Wortliste:* →S. 232
der Spiegel	-	die Spiegel	den Spiegel**n**	r Spiegel, -
die Tochter	::	die T**ö**chter	den T**ö**chter**n**	e Tochter, ::
der Brief	-e	die Brief**e**	den Brief**en**	r Brief, -e
der Stuhl	⸚e	die St**ü**hle	den St**ü**hle**n**	r Stuhl, ⸚e
das Kind	-er	die Kind**er**	den Kind**ern**	s Kind, -er
der Mann	⸚er	die M**ä**nner	den M**ä**nner**n**	r Mann, ⸚er
der Junge	-n	die Junge**n**	den Junge**n**	r Junge, -n
die Frau	-en	die Frau**en**	den Frau**en**	e Frau, -en
das Auto	-s	die Auto**s**	den Auto**s**	s Auto, -s

☞ *Besondere Formen:* das Museum, die Muse**en**
die Fotografin, die Fotografin**nen**

§6 Nomen: Formen im Genitiv

		Nominativ	*Genitiv*
Genitiv bei Maskulinum und Neutrum Singular:	-s / -es	der Spiegel	des Spiegel**s**
		das Auto	des Auto**s**
		der Mann	des Mann**es**
		das Kind	des Kind**es**
Bei Maskulinum Gruppe II: → § 8	-n / -en	der Junge	des Junge**n**
		der Fotograf	des Fotograf**en**

✳ *Alle anderen Formen: keine Genitiv-Endung.*

§7 Eigennamen im Genitiv

Helmut**s** Frau	= die Frau von Helmut
Helga**s** Mann	= der Mann von Helga
Kennedy**s** Besuch	= der Besuch von Kennedy
(*auch:* der Besuch Kennedy**s**)	

Bei Namen auf -s schreibt man: Thomas' Reise, Doris' Hund.

§8 Nomen: Maskulinum Gruppe II

Nominativ	Akkusativ	Dativ	Genitiv	Plural
der Junge	den Jungen	dem Jungen	des Jungen	die Jungen
der Bauer	den Bauern *	dem Bauern	des Bauern	die Bauern
der Polizist	den Polizisten *	dem Polizisten	des Polizisten	die Polizisten

✳ *Alle Formen außer Nominativ Singular:* **-n / -en**

* *Gesprochene Sprache:* den Bauer, den Polizist *usw.*

Ebenso:

Nomen wie Junge: Kollege, Kunde, Türke, Franzose, Zeuge *usw.*

Nomen wie Bauer: Herr, Nachbar *usw.*

Nomen wie Polizist: Journalist, Tourist, Komponist, Patient, Student, Präsident, Mensch, Pilot, Automat *usw.*

§9 Nomen aus Adjektiven

Diese Nomen können Maskulinum oder Femininum sein. Formen: wie Adjektive. →*§ 16*

Nominativ	Akkusativ	Dativ	Genitiv	Plural
der Bekannte	den Bekannten	dem Bekannten	des Bekannten	die Bekannten
ein Bekannter	einen Bekannten	einem Bekannten	eines Bekannten	Bekannte
die Bekannte	die Bekannte	der Bekannten	der Bekannten	die Bekannten
eine Bekannte	eine Bekannte	einer Bekannten	einer Bekannten	Bekannte

Ebenso: Angestellte, Erwachsene, Jugendliche, Arbeitslose, Deutsche, Verwandte, Angeklagte *usw.*

§10 Nomen aus Verben

Verb	Nomen	Beispiel
abnehmen	**das A**bnehmen	Das Abnehmen klappt am besten, wenn …
hungern	**das H**ungern	Durch Hungern kann man abnehmen.
turnen	**das T**urnen	Zum Turnen hat sie keine Lust.

Nomen = Infinitiv (groß geschrieben) mit oder ohne Artikel das*, mit oder ohne Präposition.*

§11 Zusammengesetzte Nomen

1. Teil	2. Teil	Zusammengesetztes Nomen	Ebenso Wörter wie:
das Taxi	**der** Fahrer	**der** Taxifahrer	Abendkleid, Fotolabor,
der Führerschein	**die** Prüfung	**die** Führerscheinprüfung	Geldautomat, Handtasche,
die Polizei	**das** Auto	**das** Polizeiauto	Luftmatratze, Plastiktüte,
		Artikel = Artikel des 2. Teils	Salatteller, Telefonnummer

1. Teil	2. Teil	Änderung im 1. Teil:	Ebenso Wörter wie:
das Schwein	der Braten	der Schwein**e**braten	Rind**er**braten, Wört**er**buch,
das Huhn	die Suppe	die Hühn**er**suppe	Blumen**n**laden, Suppen**n**teller,
die Zitrone	das Eis	das Zitron**e**neis	Urlaub**s**reise, Meer**es**boden,
die Zeitung	der Text	der Zeitung**s**text	Schul**abschluss
die Schul**e**	der Freund	der Schulfreund	

§12 Mengenangaben

	unbestimmte Menge: Nomen ohne Artikel		bestimmte Menge: Menge	Nomen ohne Artikel
Herr Loos kauft	Saft.	Herr Loos kauft	eine Flasche	Saft.
Er trinkt	Kaffee.	Er trinkt	eine Tasse	Kaffee.
Er isst.	Kartoffeln.	Er isst	200 Gramm	Kartoffeln.
Er kocht	Nudeln.	Er kocht	1 kg	Nudeln.

§13 Ländernamen

	Ländernamen ohne Artikel		Ländernamen mit Artikel
Ich fahre **nach**	Deutschland Österreich Frankreich Großbritannien … Australien Europa …	Ich fahre **in**	**die** Bundesrepublik Deutschland **die** Schweiz **die** Türkei **den** Sudan **die** USA *(Plural)* **die** Niederlande *(Plural)* …
Ich komme **aus**	Deutschland Österreich Frankreich Großbritannien … Australien Europa …	Ich komme **aus**	**der** Bundesrepublik Deutschland **der** Schweiz **der** Türkei **dem** Sudan **den** USA *(Plural)* **den** Niederlanden *(Plural)* …

§14 Einwohnernamen

Maskulinum	Femininum
-er	**-erin**
Amerikaner	Amerikanerin
Australier	Australierin

Ebenso:

Afrikaner, Ägypter, Albaner, Amerikaner, Bolivianer, Brasilianer, Ecuadorianer, Engländer, Europäer, Ghanaer, Inder, Iraner, Isländer, Italiener, Japaner, Koreaner, Litauer, Luxemburger, Marokkaner, Mexikaner, Neuseeländer, Niederländer, Norweger, Österreicher, Philippiner, Schweizer, Syrer, Ukrainer, Venezolaner, Walliser …

Australier, Belgier, Bosnier, Indonesier, Kanadier, Mazedonier, Spanier, Tunesier …

Maskulinum	Femininum
-e	**-in**
Chinese	Chinesin
Franzose	Französin

Asiate, Baske, Brite, Bulgare, Chilene, Chinese, Däne, Este, Finne, Franzose, Grieche, Ire, Katalane, Kroate, Lette, Pole, Portugiese, Rumäne, Russe, Schotte, Schwede, Senegalese, Serbe, Slowake, Slowene, Tscheche, Türke, Vietnamese …

Deklination wie → § 8

Besondere Formen: Ungar / Ungarin   Israeli / Israelin   **ein** Deutsch**er** / **der** Deutsche → § 9

Siehe auch: → Lektion 2, S. 25 u. S. 26

Adjektive

§15 Adjektiv ohne Endung

Der Schrank ist	groß.		Ich finde den Schrank	groß.
Die Uhr ist	schön.		Ich finde die Uhr	schön.
Das Sofa ist	bequem.		Ich finde das Sofa	bequem.
Die Stühle sind	teuer.		Ich finde die Stühle	teuer.

§16 Artikel + Adjektiv + Nomen

a) Definiter Artikel

	Nominativ			Akkusativ			Dativ			Genitiv		
Mask.	**der**		Mann	**den**	klein**en**	Mann	**dem**		Mann	**des**		Mannes
Fem.	**die**	kleine	Frau	**die**	kleine	Frau	**der**	kleinen	Frau	**der**	kleinen	Frau
Neutr.	**das**		Kind	**das**		Kind	**dem**		Kind	**des**		Kindes
Plural	**die**	klein**en**	Kinder	**die**	klein**en**	Kinder	**den**		Kindern	**der**		Kinder

b) Indefiniter Artikel

	Nominativ			Akkusativ			Dativ			Genitiv		
Mask.	**ein**	klein**er**	Mann	**einen**	klein**en**	Mann	**einem**		Mann	**eines**		Mannes
Fem.	**eine**	kleine	Frau	**eine**	kleine	Frau	**einer**	kleinen	Frau	**einer**	kleinen	Frau
Neutr.	**ein**	klein**es**	Kind	**ein**	klein**es**	Kind	**einem**		Kind	**eines**		Kindes
Plural	–	kleine	Kinder	–	kleine	Kinder	–		Kindern	–	klein**er**	Kinder

§17 Artikelwort + Adjektiv + Nomen

Im Singular:	dieser, jeder, mancher, welcher *wie* → § 16.a	dies**er** kleine Mann
	kein, mein, dein *usw. wie* → § 16.b	kein klein**er** Mann

Im Plural:	*alle Artikelwörter*	
	(diese, alle, manche, welche, keine, meine *usw.) wie* → § 16.a	diese klein**en** Männer

§18 Adjektive mit besonderen Formen

Der Turm ist	ho**ch**.		Das ist ein	ho**her**	Turm.
Die Nacht ist	dunk**el**.		Das ist eine	dun**kle**	Nacht.
Das Kleid ist	teu**er**.		Das ist ein	teu**res**	Kleid.
Der Apfel ist	sau**er**.		Das ist ein	sau**rer**	Apfel.

§19 Steigerung

a) Regelmäßig

Positiv	Komparativ	Superlativ
klein	kleiner	**am** klein**sten**
schön	schöner	**am** schön**sten**
leise	leiser	**am** leise**sten**
breit	breiter	**am** breit**esten**
weit	weiter	**am** weit**esten**
...	...	...

b) Mit Vokalwechsel

Positiv	Komparativ	Superlativ
alt	**ä**lter	**am** **ä**lte**sten**
arm	**ä**rmer	**am** **ä**rm**sten**
hart	h**ä**rter	**am** h**ä**rte**sten**
kalt	k**ä**lter	**am** k**ä**lte**sten**
lang	l**ä**nger	**am** l**ä**ng**sten**
scharf	sch**ä**rfer	**am** sch**ä**rf**sten**
schwach	schw**ä**cher	**am** schw**ä**ch**sten**
stark	st**ä**rker	**am** st**ä**rk**sten**
warm	w**ä**rmer	**am** w**ä**rm**sten**
groß	gr**ö**ßer	**am** gr**ö**ß**ten**
hoch	h**ö**her	**am** h**ö**ch**sten**
kurz	k**ü**rzer	**am** k**ü**rze**sten**

c) Unregelmäßig

Positiv	Komparativ	Superlativ
gut	**besser**	**am besten**
gern	**lieber**	**am liebsten**
viel	**mehr**	**am meisten**

d) Artikel + Komparativ / Superlativ + Nomen → *Lektion 14, S. 143*

§20 Vergleiche

Ohne Steigerung:

so + *Adjektiv* + **wie**		
Jan ist	**so** groß **wie**	Peter.
Das blaue Kleid ist	genau**so** schön **wie**	das rote.
Das grüne Kleid ist	nicht **so** teuer **wie**	das gelbe.

Mit Steigerung:

Adjektiv im Komparativ + **als**		
Peter ist	größer **als**	Heike.
Das rote Kleid ist	schöner **als**	das weiße.
Das gelbe Kleid ist	teurer **als**	das grüne.

Zahlen

§21 Kardinalzahlen

Zahlen von 1 bis 10: → *Lektion 1, S. 9,* 10 bis 100: → *Lektion 1, S. 14*, 100 bis 1000: → *Lektion 2, S. 22.*

§22 Ordinalzahlen und Datum

eins:	der **erste** Weg
zwei:	die zwei**te** Straße
drei:	das **dritte** Haus
vier:	die vier**te** Kreuzung
fünf:	die fünf**te** Ampel
sechs	der sechs**te** Weg
sieben	das **siebte** Schild
acht	das ach**te** Haus
...	...

zwanzig:	der zwanzig**ste** Brief
dreißig:	die dreißig**ste** Flasche
hundert:	das hundert**ste** Auto
tausend:	der tausend**ste** Stuhl
...	...

der **erste** Januar	am **ersten** Januar
der **zweite** Februar	am **zweiten** Februar
der **dritte** März	am **dritten** März
...	...

→ *Lektion 7, S. 72*

GRAMMATIK

Pronomen

§23 Personalpronomen

			Nominativ	Akkusativ	Dativ
Singular	1. Person		ich	mich	mir
	2. Person		du	dich	dir
	3. Person	Mask.	er	ihn	ihm
		Fem.	sie	sie	ihr
		Neutr.	es	es	ihm
Plural	1. Person		wir	uns	uns
	2. Person		ihr	euch	euch
	3. Person		sie	sie	ihnen
	Höflichkeitsform		Sie	Sie	Ihnen

§24 Reflexivpronomen
→ *Lektion 11, S. 108*

	Akkusativ	Dativ
Singular 3. Person Mask., Fem., Neutr.	sich	sich
Plural 3. Person, Höflichkeitsform		

✳ *Alle anderen Formen: wie Personalpronomen → § 23.*
☞ Er wäscht **sich** ≠ Er wäscht **ihn**.

§25 Artikel als Pronomen

Alle Artikelwörter → § 1, § 2, § 3 können Pronomen sein.

● Wir brauchen noch Stühle. Hier sind **welche**. Wie findest du **den**?
■ Nicht schön, aber **dieser** hier ist interessant.
● Hier ist noch **einer**. **Der** ist auch nicht schlecht.

der Stuhl	der	dieser	jeder	einer	keiner	meiner	…
die Uhr	die	diese	jede	eine	keine	meine	…
das Bett	das	dieses	jedes	eins	keins	meins	…
die Möbel	die	diese	alle	welche	keine	meine	…

☞ *Endungen: wie definiter Artikel; Sonderfall: Plural Dativ von **der** (Mask.) = **denen***
*Plural von **einer, eine, eins** = **welche***
*Im Singular: **welcher** steht für unbestimmte Mengen: Hier ist **Kaffee**. Möchtest du **welchen**?*

§26 Generalisierende Indefinitpronomen

Nominativ	Akkusativ	Dativ
man	einen	einem
jemand	jemanden	jemandem
niemand	niemanden	niemandem
irgendwer	irgendwen	irgendwem

Nominativ	Akkusativ	Dativ
alles		allem
nichts		
etwas		
irgendetwas		

A8

§27 Relativpronomen

		Nominativ	Akkusativ	Dativ	Genitiv
Maskulinum	Der Mann, …	der	den	dem	**dessen**
Femininum	Die Frau, …		die	der	**deren**
Neutrum	Das Kind, …		das	dem	**dessen**
Plural	Die Leute, …		die	**denen**	**deren**

Auch mit Präposition: Der Mann, **für den** … / Die Frau, **mit der** … *usw.*
→ *§ 59 Relativsatz*

§28 Präpositionalpronomen (Pronominaladverbien)

Nur bei Sachen:

wo(r) + Präposition	da(r) + Präposition	Bei Personen:
wofür, wonach, wovon …	dafür, danach, davon …	*Präposition + Personalpronomen*
woran, worauf, worüber …	daran, darauf, darüber …	für ihn, nach ihr, von ihm …

Präpositionen

§29 Präpositionen und Kasus

an	durch	aus	ab	statt *	außerhalb
auf	für	bei	außer	trotz *	innerhalb
hinter	gegen	mit	bis zu	während *	
in	ohne	nach	gegenüber	wegen *	
neben	um	seit			
über		von			
unter		zu			
vor					
zwischen					

+ Akkusativ oder Dativ	+ Akkusativ	+ Dativ	+ Genitiv
(„Wechselprä-positionen")			* gesprochene Sprache: auch mit Dativ

Lokale Bedeutung → *Lektion 5, S. 48, 49; temporale Bedeutung* → *Lektion 11, S. 111.*

§30 Kurzformen

am	= an dem	im	= in dem	beim	= bei dem	zum	= zu dem
ans	= an das	ins	= in das	vom	= von dem	zur	= zu der

§31 Gebrauch der Wechselpräpositionen

	Akkusativ:		Dativ:
Er hängt das Bild	an **die** Wand.	Das Bild hängt	an **der** Wand.
Sie stellt die Blumen	auf **den** Tisch.	Die Blumen stehen	auf **dem** Tisch.
Er bringt das Kind	**ins** Bett.	Das Kind liegt	**im** Bett.

Richtung, Bewegung
Wohin? ──────▶ ◉

Position, Ruhe
Wo? ◉

→ *§ 51.e, § 51.f Situativ- / Direktivergänzung;* → *§ 51.k Präpositionalergänzung*

Verben: Konjugation

§32 Übersicht: Das Tempussystem

		schwach	stark	besondere Formen		
Infinitiv		mach**en**	fahr**en**	hab**en**	**sein**	**wollen**
Präsens	er	mach**t**	fähr**t**	**hat**	**ist**	**will**
Präteritum	er	mach**te**	fuhr	**hatte**	**war**	woll**te**
Perfekt	er	**hat ge**macht	**ist ge**fahren	**hat ge**habt	**ist gewesen**	**hat ge**wollt / **hat … wollen**
Plusquamperfekt	er	**hatte ge**macht	**war ge**fahren	**hatte ge**habt	**war gewesen**	**hatte ge**wollt / **hatte … wollen**
Futur	er	**wird** machen	**wird** fahren	**wird** haben	**wird** sein	**wird** wollen
Konjunktiv I	er	mach**e**	fahr**e**	hab**e**	**sei**	woll**e**
Konjunktiv II	er	**würde** machen	führe	**hätte**	**wäre**	**würde** wollen
Passiv Präsens	er	wird gemacht	wird gefahren			
Passiv Präteritum	er	**wurde ge**macht	**wurde ge**fahren	*Unregelmäßige Verben* → *§ 43*		
Passiv Perfekt	er	**ist ge**macht **worden**	**ist ge**fahren **worden**	*Modalverben* → *§ 46*		

§33 Präsens

	schwach		stark		
Infinitiv	machen	arbeiten	fahren	geben	
Stamm	mach-	arbeit-	fahr- / fähr-	geb- / gib-	*Endungen*
ich	mach**e**	arbeit**e**	fahr**e**	geb**e**	**-e**
du	mach**st**	arbeit**est**	fähr**st**	gib**st**	**-st** (-est)
er / sie / es	mach**t**	arbeit**et**	fähr**t**	gib**t**	**-t** (-et)
wir	mach**en**	arbeit**en**	fahr**en**	geb**en**	**-en** *wie Infinitiv*
ihr	mach**t**	arbeit**et**	fahr**t**	geb**t**	**-t** (-et)
sie / Sie	mach**en**	arbeit**en**	fahr**en**	geb**en**	**-en** *wie Infinitiv*

Stamm auf
-t, -d, -m, -n

Übersicht
starke Verben → *§ 44*

§34 Präteritum

	schwach		stark		
Infinitiv	machen	arbeiten	fahren	geben	
Stamm	*mach-te-*	*arbeit-ete-*	*fuhr-*	*gab-*	*Endungen*
ich	mach**te**	arbeit**ete**	**fuhr**	**gab**	**-**
du	mach**test**	arbeit**etest**	**fuhrst**	**gabst**	**-st**
er / sie / es	mach**te**	arbeit**ete**	**fuhr**	**gab**	**-**
wir	mach**ten**	arbeit**eten**	**fuhren**	**gaben**	**-n** (**-en**)
ihr	mach**tet**	arbeit**etet**	**fuhrt**	**gabt**	**-t**
sie / Sie	mach**ten**	arbeit**eten**	**fuhren**	**gaben**	**-n** (**-en**)

Stamm auf
-t, -d, -m, -n

Übersicht
starke Verben → *§ 44*

§35 Perfekt

a) Konjugation

Infinitiv	haben / sein		Partizip II
machen:	Er	**hat** eine Reise	**gemacht**.
fahren:	Er	**ist** nach Österreich	**gefahren**.

Infinitiv	machen	fahren
ich	habe gemacht	bin gefahren
du	hast gemacht	bist gefahren
er / sie / es	hat gemacht	ist gefahren
wir	haben gemacht	sind gefahren
ihr	habt gemacht	seid gefahren
sie / Sie	haben gemacht	sind gefahren

Perfekt mit sein:

sein, bleiben, werden *und Verben der Zustandsveränderung oder Ortsveränderung:* einschlafen, erschrecken, gehen, fahren, kommen *usw. siehe Wortliste* → *S. 232.*

b) Formenbildung: Partizip II

schwache Verben

			...	**t**
	ge		...	**t**
...	**ge**		...	**t**

besuchen:	Er hat			besuch	**t**
verwenden:	Er hat			verwend	**et**
reparieren:	Er hat			reparier	**t**
spielen:	Er hat		**ge**	spiel	**t**
arbeiten:	Er hat		**ge**	arbeit	**et**
kennen:	Er hat		**ge**	**kann**	**t**
wandern:	Er **ist**		**ge**	wander	**t**
aufhören:	Er hat	auf	**ge**	hör	**t**
aufwachen:	Er **ist**	auf	**ge**	wach	**t**

ebenso:

schwache Verben mit untrennbarem Verbzusatz → *§ 48 und Verben auf* -ieren

die meisten schwachen Verben
schwache Verben mit Stamm auf -t, -d, -m, -n
Verben mit gemischten Formen → *§ 45*

schwache Verben mit trennbarem Verbzusatz
→ *§ 47*

starke Verben

		...	**en**
	ge	...	**en**
...	**ge**	...	**en**

bekommen:	Er hat		bekomm	**en**
vergessen:	Er hat		vergess	**en**
zerbrechen:	Er hat		zerbr**och**	**en**

starke Verben mit untrennbarem Verbzusatz → § 48

schlafen:	Er hat	**ge**	schlaf	**en**
sehen:	Er hat	**ge**	seh	**en**
essen:	Er hat	**ge**	**gess**	**en**
kommen:	**Er ist**	**ge**	komm	**en**

starke Verben → § 44

starke Verben mit besonderen Formen → § 44

anfangen:	Er hat	an	**ge**	fang	**en**
einsteigen:	**Er ist**	ein	**ge**	stieg	**en**

starke Verben mit trennbarem Verbzusatz → §47

§36 Plusquamperfekt

machen:	Er	**hatte**	eine Reise	**gemacht.**
fahren:	Er	**war**	nach Österreich	**gefahren.**

Präteritum	*Partizip II*
haben / sein	

✳ *Wie Perfekt → § 35, nur mit Präteritum von **haben** oder **sein**.*

§37 Futur

machen:	Er	**wird**	eine Reise	**machen.**
fahren:	Er	**wird**	nach Österreich	**fahren.**

Präsens	*Infinitiv*
werden	

ich	**werde**		
du	**wirst**		
er / sie / es	**wird**	eine Reise	**machen.**
wir	**werden**		
ihr	**werdet**		
sie / Sie	**werden**		

§38 Konjunktiv II

a) mit **würde** + Infinitiv

machen:	Er	**würde**	eine Reise	**machen.**
fahren:	Er	**würde**	nach Österreich	**fahren.**

	Infinitiv
würde	

ich	**würde**		
du	**würdest**		
er / sie / es	**würde**	eine Reise	**machen.**
wir	**würden**		
ihr	**würdet**		
sie / Sie	**würden**		

✳ *Alle Verben, auch die unter b), können den Konjunktiv II mit **würde** bilden.*

b) häufig benutzte Verben mit eigenen Konjunktiv II - Formen

	sein	haben	können	müssen	dürfen	kommen *
ich	wäre	hätte	könnte	müsste	dürfte	käme
du	wärst	hättest	könntest	müsstest	dürftest	kämst
er / sie / es	wäre	hätte	könnte	müsste	dürfte	käme
wir	wären	hätten	könnten	müssten	dürften	kämen
ihr	wärt	hättet	könntet	müsstet	dürftet	kämt
sie / Sie	wären	hätten	könnten	müssten	dürften	kämen

* Starke Verben → § 44 können eine eigene Konjunktiv II – Form bilden; man benutzt sie aber selten.

§39 Konjunktiv II der Vergangenheit

machen:	Er	**hätte**	eine Reise	**gemacht.**
fahren:	Er	**wäre**	nach Österreich	**gefahren.**
		Konjunktiv II		*Partizip II*
		haben / sein		

✳ *Wie Perfekt → § 35, nur mit Konjunktiv II von haben oder sein → § 38.b*

§40 Konjunktiv I

Präsens:	er	ist	macht	fährt	hat	muss
Konjunktiv I:	er	**sei**	**mache**	**fahre**	**habe**	**müsse**
	sie / Sie	**seien**				

✳ *Gebrauch: nur in schriftlichen Texten in indirekter Rede → Lektion 20, S. 201,*
nur in der 3. Person Singular (bei sein auch: 3. Person Plural und andere),
in allen anderen Formen: Konjunktiv II → § 38.

§41 Passiv

Präsens:	Er	**wird**	vom Taxifahrer	**abgeholt.**
Präteritum:	Er	**wurde**		**abgeholt.**
		werden		*Partizip II*	*Konjugation werden → § 43*
mit Modalverb:	Er	**muss**		**abgeholt werden.**
Perfekt:	Er	**ist**	vom Taxifahrer	**abgeholt worden.**

☞ *Aktion:* Die Fenster **werden geschlossen.**
Ergebnis: Die Fenster **sind geschlossen.** (= Die Fenster sind **zu**.)

§42 Imperativ

	kommen	warten	nehmen	anfangen	sein	haben
Sie:	Komm**en** Sie	Wart**en** Sie	Nehm**en** Sie	Fang**en** Sie an	**Seien** Sie ...	Hab**en** Sie ...
du:	Komm	Warte	**Nimm**	Fang an	**Sei** ...	**Hab** ...
ihr:	Komm**t**	Wart**et**	Nehmt	Fang**t** an	**Seid** ...	Habt ...

§43 Unregelmäßige Verben

Präsens	sein	haben	werden	möchten
ich	bin	habe	werde	möchte
du	bist	hast	wirst	möchtest
er / sie / es	ist	hat	wird	möchte
wir	sind	haben	werden	möchten
ihr	seid	habt	werdet	möchtet
sie / Sie	sind	haben	werden	möchten

Präteritum				
ich	war	hatte	wurde	(ich wollte)
du	warst	hattest	wurdest	→ § 46
er / sie / es	war	hatte	wurde	
wir	waren	hatten	wurden	
ihr	wart	hattet	wurdet	
sie / Sie	waren	hatten	wurden	

Perfekt				
er / sie / es	ist gewesen	hat gehabt	ist geworden	
		bei Passiv:	ist ... worden	

§44 Übersicht: Starke Verben

Präsens: *2. und 3. Person Singular: evtl. anderer Vokal als Infinitiv.*
Präteritum: *anderer Vokal als Infinitiv.*
Partizip II: *evtl. anderer Vokal als Infinitiv, Endung auf* -en.

	kein Vokalwechsel im Präsens			Vokalwechsel im Präsens			
	kommen	fliegen	schreiben	schlafen	geben	helfen	laufen
Präsens							
ich	komme	fliege	schreibe	schlafe	gebe	helfe	laufe
du	kommst	fliegst	schreibst	schläfst	gibst	hilfst	läufst
er / sie / es	kommt	fliegt	schreibt	schläft	gibt	hilft	läuft
wir	kommen	fliegen	schreiben	schlafen	geben	helfen	laufen
ihr	kommt	fliegt	schreibt	schlaft	gebt	helft	lauft
sie / Sie	kommen	fliegen	schreiben	schlafen	geben	helfen	laufen
Präteritum							
ich	kam	flog	schrieb	schlief	gab	half	lief
du	kamst	flogst	schriebst	schliefst	gabst	halfst	liefst
er / sie / es	kam	flog	schrieb	schlief	gab	half	lief
wir	kamen	flogen	schrieben	schliefen	gaben	halfen	liefen
ihr	kamt	flogt	schriebt	schlieft	gabt	halft	lieft
sie / Sie	kamen	flogen	schrieben	schliefen	gaben	halfen	liefen
Konjunktiv II							
er / sie / es	käme	flöge	schriebe	schliefe	gäbe	–	liefe

Perfekt

er / sie / es	ist	ist	hat	hat	hat	hat	ist
	gek**omm**en	gefl**og**en	geschr**ieb**en	geschl**af**en	geg**eb**en	geh**olf**en	gel**auf**en

✳ *Lernformen: So steht es in der Wortliste* → *S. 232.*

Infinitiv	Präsens (3. P. Sg.)	Präteritum (3. P. Sg.)	Perfekt (3. P. Sg.)
kommen	kommt	kam	ist gekommen
fliegen	fliegt	flog	ist geflogen
schreiben	schreibt	schrieb	hat geschrieben

☞ *Besondere Formen bei einigen Verben:* · *ebenso:*

stehen	steht	**stand**	hat **gestanden**	bestehen*, entstehen*, verstehen*, aufstehen
schneiden	schneidet	**schnitt**	hat **geschnitten**	abschneiden, zerschneiden*
treffen	trifft	**traf**	hat getroffen	
sitzen	sitzt	**saß**	hat **gesessen**	besitzen*
esse	**isst**	**aß**	hat **gegessen**	vergessen*
nehmen	**nimmt**	nahm	hat **genommen**	abnehmen, annehmen, mitneh-men, teilnehmen, unterneh-men*, wegnehmen
schließen	schließt	**schloss**	hat **geschlossen**	abschließen, anschließen, be-schließen*, entschließen*
ziehen	zieht	**zog**	hat **gezogen**	anziehen, ausziehen, einziehen, umziehen, vorziehen
tun	tut	**tat**	hat **getan**	wehtun

* *Perfekt ohne* **ge-**

§45 Gemischte Verben

Infinitiv	Präsens	Präteritum	Perfekt	ebenso:
kennen	kennt	**kannte**	hat **gekannt**	erkennen*
nennen	nennt	**nannte**	hat **genannt**	
brennen	brennt	**brannte**	hat **gebrannt**	abbrennen, verbrennen*
rennen	rennt	**rannte**	ist **gerannt**	wegrennen
denken	denkt	**dachte**	hat **gedacht**	nachdenken
bringen	bringt	**brachte**	hat **gebracht**	anbringen, mitbringen, unterbringen, verbringen*

* *Perfekt ohne* **ge-**

Präsens: regelmäßig; Präteritum, Perfekt: Stammveränderung + schwache Endungen.

§46 Modalverben und „wissen"

	sollen	wollen	können	dürfen	müssen	mögen	wissen
Präsens							
ich	soll	will	kann	darf	muss	mag	**weiß**
du	sollst	willst	kannst	darfst	musst	magst	**weißt**
er / sie / es	soll	will	kann	darf	muss	mag	**weiß**
wir	sollen	wollen	können	dürfen	müssen	mögen	wissen
ihr	sollt	wollt	könnt	dürft	müsst	mögt	wisst
sie / Sie	sollen	wollen	können	dürfen	müssen	mögen	wissen
Präteritum							
ich	sollte	wollte	konnte	durfte	musste	mochte	wusste
du	solltest	wolltest	konntest	durftest	musstest	mochtest	wusstest
er / sie / es	sollte	wollte	konnte	durfte	musste	mochte	wusste
wir	sollten	wollten	konnten	durften	mussten	mochten	wussten
ihr	solltet	wolltet	konntet	durftet	musstet	mochtet	wusstet
sie / Sie	sollten	wollten	konnten	durften	mussten	mochten	wussten
Perfekt							
*er / sie / es	hat gesollt	hat gewollt	hat gekonnt	hat gedurft	hat gemusst	hat gemocht	hat gewusst
	hat sollen	hat wollen	hat können	hat dürfen	hat müssen	hat mögen	

* mit Infinitiv statt Partizip II: → Lektion 15, S. 151

§47 Verben mit trennbarem Verbzusatz

Verbzusatz zusammen mit dem Verb:

Er will seinen Freund	**ab**holen.
Er hat seinen Freund	**ab**geholt.
Er wird von seinem Freund	**ab**geholt.
Er keine Zeit, seinen Freund	**ab**zuholen.
Sie möchte, dass er seinen Freund	**ab**holt.

Verbzusatz getrennt vom Verb:

Er	holt	seinen Freund	**ab**.
Er	holte	seinen Freund	**ab**.
	Holt	er seinen Freund	**ab**?
	Hol	bitte deinen Freund	**ab**.

trennbarer Verbzusatz (betont)

✳ *So steht es in der Wortliste → S. 232.*

☞ *Partizip:*   *abgeholt*
Infinitiv mit zu: *abzuholen*

ab·holen	ein·kaufen	nach·denken	vor·schlagen
an·fangen	fern·sehen	statt·finden	weh·tun
auf·hören	fest·halten	teil·nehmen	zu·machen
aus·machen	mit·kommen	um·ziehen	

§48 Verben mit untrennbarem Verbzusatz

Typische untrennbare Verbzusätze: **be-, emp-, ent-, er-, ge-, ver-, zer-**

Infinitiv	Präsens 3. P. Sg.	Perfekt 3. P. Sg.	ebenso:
beschäftigen	beschäftigt	hat beschäftigt	bedeuten, beginnen, behalten, bekommen …
empfehlen	empfiehlt	hat empfohlen	empfangen
entdecken	entdeckt	hat entdeckt	enthalten, entscheiden, entschuldigen …
erkennen	erkennt	hat erkannt	erfahren, erfinden, erhalten, erholen, erinnern …
gelingen	gelingt	ist gelungen	gebrauchen, gefallen, gehören, geschehen …
verändern	verändert	hat verändert	verbessern, verbinden, verdienen, vergessen …
zerbrechen	zerbricht	hat zerbrochen	zerreißen, zerschneiden, zerstören …

Betonung auf Verbstamm   *Partizip II ohne* ge-

☞ *nicht verwechseln:*

Infinitiv	Perfekt	Infinitiv	Perfekt
gefallen	hat **gefallen**	gehören	hat **gehört**
fallen	ist **gefallen**	hören	hat **gehört**

§49 Partizip I und II

Infinitiv:	spielen	singen	stehen	sein
Partizip I = Infinitiv + **d**	spielen**d**	singen**d**	stehen**d**	seien**d**
Partizip II → § 35.b	**ge**spiel**t**	**ge**sung**en**	**ge**stand**en**	**ge**wes**en**

Partizipien als Adjektive → § 16

Partizip I	Der **schlafende** Hund liegt unter dem Tisch.	(Der Hund liegt unter dem Tisch und schläft.)
Partizip II	Der Hund frisst den **verbrannten** Braten.	(Der Braten ist verbrannt. Der Hund frisst ihn.)

Verben und Ergänzungen

§50 Verben ohne Ergänzung

Was tun?	Was tut er?	Er **schläft**.
		Ebenso: aufstehen, baden, blühen, brennen, erschrecken, frieren, funktionieren, husten, lachen, …
		Ausdrücke mit **es**: es geht, es klappt, es regnet, es schneit …

§51 Verben mit Ergänzungen

a) Verb + Nominativergänzung

Wer?	sein	Wer ist das?	Das ist **Rolf Schneider**.
Was?	sein	Was ist er?	Er ist **Student**.
	werden	Was wird er?	Er wird **Lehrer**.
Wie?	heißen	Wie heißt sie?	Sie heißt **Karin**.
	sein	Wie ist sie?	Sie ist **nett**.

b) Verb + Akkusativergänzung

Was?	suchen	Was sucht sie?	Sie sucht **einen Stuhl**.
Wen?		Wen sucht sie?	Sie sucht **den Verkäufer**.

Ebenso: abholen, ansehen, anziehen, bauen, bekommen, bemerken, besuchen, bringen, einladen, entdecken, erkennen, essen …

c) Verb + Dativergänzung

Wem?	gehören	Wem gehört das Buch?	Das Buch gehört **mir**.

Ebenso: begegnen, einfallen, fehlen, folgen, gefallen, gelingen, helfen, nützen, passen, schmecken, stehen *(Kleidung)*, wehtun, zuhören, zuschauen.

d) Verb + Dativergänzung + Akkusativergänzung

Wem? Was?	geben	Wem gibt er was?	Er gibt **dem Kind einen Luftballon**.

Ebenso: anbieten, besorgen, bringen, empfehlen, erzählen, mitbringen, mitteilen, schenken, schicken, stehlen, vorschlagen, zeigen …

e) Verb + Situativergänzung

Wo?	wohnen	Wo wohnt sie?	Sie wohnt **in der Schweiz**.

Ebenso: bleiben, hängen, liegen, sein, sitzen, stehen …

f) Verb + Direktivergänzung

Wohin?	gehen	Wohin geht er?	Er geht **auf den Balkon**.

Ebenso: fahren, kommen, laufen, reisen, rennen, springen, steigen …

g) Verb + Herkunftsergänzung

Woher?	kommen	Woher kommt er?	Er kommt **aus dem Badezimmer**.

Ebenso: laufen, rennen, springen, steigen …

h) Verb + Akkusativergänzung + Direktivergänzung

Was? Wohin?	stellen	Wohin stellt sie was?	Sie stellt **den Stuhl an den Tisch**. *Ebenso:* bringen, hängen, heben, legen, schieben, setzen, werfen …

i) Verb + Akkusativergänzung + Herkunftsergänzung

Was? Woher?	nehmen	Woher nimmt er das Glas?	Er nimmt **das Glas aus dem Schrank**. *Ebenso:* heben, holen, reißen …

j) Verb + Verbativergänzung

Was tun?	gehen	Was machen sie heute?	Sie gehen heute **tanzen**.
Wen? Was tun?	lassen	Was lässt sie ihn tun?	Sie lässt **ihn die Suppe koche**n. *Ebenso:* fühlen, hören, sehen …

k) Verb + Präpositionalergänzung

An wen?	denken	An wen denkt er?	Er denkt **an seine Freundin**.
Woran?		Woran denkt sie?	Sie denkt **an das neue Kleid**.
Auf wen?	warten	Auf wen wartet er?	Er wartet **auf seine Freundin**.
Worauf?		Worauf wartet sie?	Sie wartet **auf den Bus**.
Nach wem?	fragen	Nach wem fragt er?	Er fragt **nach dem Chef**.
Wonach?		Wonach fragt sie?	Sie fragt **nach dem Weg**.

Ebenso:

bestehen	aus	
anmelden, sich entschuldigen, sich erkundigen, helfen	bei	
anfangen, aufhören, beginnen, sich beschäftigen, schimpfen, spielen, sprechen, telefonieren, sich unterhalten, sich verabreden, vergleichen, verwechseln	mit	
sich erkundigen, fragen, riechen, schauen, schmecken, suchen	nach	**+ Dativ**
abhängen, berichten, erzählen, reden, träumen, sich verabschieden, verlangen	von	
dienen, einladen, sich entschließen, führen, gehören, gratulieren, passen, verwenden	zu	
liegen, teilnehmen	an	
schützen, warnen, Angst haben	vor	

demonstrieren, sich entscheiden, sich entschuldigen, halten, sich interessieren, kämpfen, sein, sorgen, sparen, streiken	für	
demonstrieren, sich entscheiden, kämpfen, sein, streiken	gegen	
sich bemühen, sich bewerben, sich kümmern, weinen	um	
sich verlieben	in	**+ Akkusativ**
denken, sich erinnern, sich gewöhnen, glauben, schicken, schreiben	an	
achten, antworten, sich freuen, hoffen, hören, sich vorbereiten, warten	auf	
sich ärgern, sich aufregen, sich beschweren, diskutieren, sich freuen, klagen, lächeln, lachen, reden, schimpfen, sich unterhalten, sich wundern	über	

§52 Die Verbklammer

Verbklammer

Vorfeld	Verb (1)	Mittelfeld			Verb (2)
Herr Noll	kommt.				
Herr Noll	kommt			aus Wien.	
Herr Noll	soll		heute	aus Wien	kommen.
Herr Noll	ist		heute	aus Wien	gekommen.
	Kommt	Herr Noll		aus Wien?	
	Ist	Herr Noll	heute	aus Wien	gekommen?
Woher	soll	Herr Noll	heute		kommen?
Aus Wien	soll	Herr Noll	heute		kommen.
Wann	ist	Herr Noll		aus Wien	gekommen?
Heute	ist	Herr Noll		aus Wien	gekommen.
Wann	kommt	Frau Nolte			an?
Frau Nolte	kommt		um 17 Uhr		an.
Wir	müssen	sie	um 17 Uhr	vom Bahnhof	abholen.
	Kommen	Sie	bitte		mit!
…, dass		Frau Nolte	heute		ankommt.
…, weil		Frau Nolte	um 17 Uhr		angekommen ist.

§53 Das Vorfeld

Vorfeld	Verb (1)	Mittelfeld			Verb (2)
		Subjekt	Angabe	Ergänzung	
	Kann	Volker	in 2 Minuten	6 Gesichter	zeichnen?
Volker	kann		in 2 Minuten	6 Gesichter	zeichnen.
In zwei Minuten	kann	Volker		6 Gesichter	zeichnen.
Sechs Gesichter	kann	Volker	in 2 Minuten		zeichnen.
Wenn Volker will,	kann	er	in 2 Minuten	6 Gesichter	zeichnen.

Vorfeld: leer, Subjekt, Angabe, Ergänzung oder Nebensatz.

§54 Verb (2)

| Vorfeld | Verb (1) | Mittelfeld | | | Verb (2) |
		Subjekt	Angabe	Ergänzung	
Der Verkäufer	schließt			die Tür.	
Er	schließt		abends	die Tür	ab.
Abends	muss	er		die Tür	abschließen.
Abends	wird	die Tür	von ihm		abgeschlossen.
Er	hat		heute Abend	die Tür	abgeschlossen.
..., dass		Frau Nolte	heute		ankommt.
..., weil		Frau Nolte	um 17 Uhr		ankommen soll.
..., ob		sie	um 17 Uhr		angekommen ist.

Verb (2) : leer, trennbarer Verbzusatz, Infinitiv, Partizip, oder Verb im Nebensatz.

§55 Das Mittelfeld

a) Ergänzung: Nomen

| Vorfeld | Verb (1) | Mittelfeld | | | Verb (2) |
		Subjekt	Angabe	Ergänzung	
	Hat	er	schon	die Tür	abgeschlossen?
Er	muss		noch	die Tür	abschließen.

b) Ergänzung: Nomen oder Pronomen

| Vorfeld | Verb (1) | Mittelfeld | | | Verb (2) |
		Subjekt	Ergänzung	Angabe	
	Hat	er	die Tür	schon	abgeschlossen?
	Hat	er	sie	schon	abgeschlossen?
Er	muss		die Tür	noch	abschließen.
Er	muss		sie	noch	abschließen.

c) 2 Ergänzungen

| Vorfeld | Verb (1) | Mittelfeld | | | | Verb (2) |
		Subjekt	Ergänzung(en)	Angabe	Ergänzung	
Er	bringt		seiner Frau	heute	Blumen	mit.
Er	bringt		sie ihr	heute		mit.
Heute	bringt	er	sie ihr			mit.
Er	bringt		ihr die Blumen	heute		mit.
Heute	bringt	er	ihr die	bestimmt		mit.

☞ Ergänzungen:

1. **Akkusativ:** Personalpronomen

2. **Dativ:** Nomen oder Personalpronomen

3. **Akkusativ:** Nomen oder Definitpronomen

§56 Satzverbindung: Zwei Hauptsätze

a) mit Junktoren und, aber, oder, denn, sondern

Junktor	Vorfeld	Verb (1)	Mittelfeld			Verb (2)
			Subjekt	Angabe	Ergänzung	
	Bernd	ist			Reporter.	
	Er	kann		nur selten	zu Hause	sein.
	Bernd	ist			Reporter	
und	er	kann		nur selten	zu Hause	sein.

Subjekt: keine Positionsänderung

b) mit Adverbien im Vorfeld: deshalb, darum, danach, trotzdem, also …

Junktor	Vorfeld	Verb (1)	Mittelfeld			Verb (2)
	Bernd	ist			Reporter.	
	Er	kann		**deshalb**	zu Hause	sein.
				nur selten		
	Bernd	ist			Reporter,	
	deshalb	kann	**er**	nur selten	zu Hause	sein.

Subjekt: Positionsänderung

§57 Satzgefüge: Hauptsatz und Nebensatz

a) Hauptsatz + Nebensatz

Junktor	Vorfeld	Verb (1)	Mittelfeld			Verb (2)
			Subjekt	Angabe	Ergänzung	
	Bernd	kann		nur selten	zu Hause	sein.
	Er	**ist**			Reporter.	
	Bernd	kann		nur selten	zu Hause	sein.
weil			er		Reporter	**ist**.

Im Nebensatz: Verb an Position Verb (2).

b) Nebensatz + Hauptsatz

Junktor	Vorfeld	Verb (1)	Mittelfeld			Verb (2)
			Subjekt	Angabe	Ergänzung	
Weil Bernd Reporter ist,		kann	er	nur selten	zu Hause	sein.
Wenn Maria kommt,		bringt	sie	hoffentlich	eine	mit.
					Nachricht	

☞ *Nebensatz = Vorfeld des Hauptsatzes; Subjekt im Hauptsatz: Positionsänderung.*

Nebensatz-Junktoren:

als	Als Maria kam, war Curt froh.
wenn	Wenn Maria kommt, hat sie eine Nachricht. / Wenn Maria käme, hätte sie eine Nachricht. → *§ 38*
während	Curt isst Kuchen, während er auf Maria wartet. / Curt ist nervös, während Maria ruhig ist.
bis	Curt wartet, bis Maria kommt.
bevor	Bevor Maria kam, hatte Curt zwei Stück Kuchen gegessen.
nachdem	Nachdem Maria sich gesetzt hatte, bestellte sie ein Eis.
sobald	Sobald Maria kommt, bestellt sie sicher einen Tee.
seit	Seit Curt im Café saß, wartete er auf Maria.
weil	Curt saß im Café, weil er auf Maria wartete.
da	Da Maria nicht kam, bestellte Curt noch ein Stück Kuchen.
obwohl	Curt isst Kuchen, obwohl er keinen Hunger hat.
damit	Curt ruft die Kellnerin, damit sie ihm noch ein Stück Kuchen bringt.
so dass	Maria sagt nichts, so dass Kurt noch nervöser wird.
so ..., dass	Kurt ist so nervös, dass sein Puls 150 schlägt.
dass	Kurt hofft, dass Maria bald kommt.
ob	Kurt weiß nicht, ob Maria bald kommt. → *§ 58*

§58 Indirekte Frage

a) mit Fragewort

	Vorfeld	Verb (1)	Mittelfeld			Verb (2)
			Subjekt	**Angabe**	**Ergänzung**	
	Wann	beginnt	das Fußballspiel	endlich?		
	Die Frau	fragt,				
	wann		das Fußballspiel	endlich		**beginnt.**

b) ohne Fragewort

Junktor	Vorfeld	Verb (1)	Mittelfeld			Verb (2)
			Subjekt	**Angabe**	**Ergänzung**	
		Beginnt	das Fußballspiel	pünktlich?		
	Die Frau	fragt,				
ob			das Fußballspiel	pünktlich		**beginnt.**

§59 Relativsatz

	Vorfeld	Verb (1)	Mittelfeld			Verb (2)
			Subjekt	**Angabe**	**Ergänzung**	
	Das	ist	ein Delfin,			
	der				im Zoo	**lebt.**
	den		man	jeden Tag	im Zoo	**sehen kann.**

Relativsatz = Nebensatz: Verb an Position Verb(2).
Relativpronomen → § 27

2 Hauptsätze: Der Delfin lebt im Zoo. Er ist nicht glücklich.

Integrierter Relativsatz: Der Delfin, der im Zoo lebt, ist nicht glücklich.
→ *Lektion 13, S. 131*

§60 Infinitivsatz

a) Infinitiv mit zu

	Vorfeld	Verb (1)	Mittelfeld			Verb (2)
			Subjekt	Angabe	Ergänzung	
	Heute	möchte	sie	nicht	Tango	tanzen.
	Sie	hat		heute	keine Lust Tango	**zu tanzen.**

b) Infinitiv mit um… zu, ohne… zu

Junktor	Vorfeld	Verb (1)	Mittelfeld			Verb (2)
			Subjekt	Angabe	Ergänzung	
	Heute	möchte	er	gern	Musik	machen.
um	Er	benutzt			den Topf, Musik	**zu machen.**
ohne	Er	geht			aus dem Haus, die Tür	**zuzumachen.**

Infinitiv bei Verben mit trennbarem Verbzusatz: → § 47

Alphabetische Wortliste

Die alphabetische Wortliste enthält alle Wörter dieses Buches mit Angabe der Seiten, auf denen sie zuerst oder in unterschiedlicher Bedeutung vorkommen.

Fett gedruckte Wörter sind Bestandteil des „Zertifikat Deutsch". Bei Nomen stehen das Artikelzeichen (r = der, e = die, s = das) und das Zeichen für die Pluralform. Nomen ohne Angabe der Pluralform verwendet man nicht oder nur selten im Plural. Nomen mit der Angabe „pl" verwendet man nicht oder nur selten im Singular. Bei starken und unregelmäßigen Verben stehen neben dem Infinitiv auch die Präsens-, Präteritum- und Perfektformen. Im Arbeitsbuch findet man zu jeder Lektion eine detaillierte Auflistung des Lernwortschatzes.

ab 32, 56, 70
ab·bauen 90
ab·biegen, biegt ab, bog ab, ist abgebogen 57
r Abend, -e 40, 75, 97
s Abendbrot 60
s Abendkleid, -er 36
abends 60, 61, 70
aber 10, 11, 20
ab·fahren, fährt ab, fuhr ab, ist abgefahren 59, 65, 66
e Abfahrt, -en 57
ab·holen 90, 91, 97
ab·nehmen, nimmt ab, nahm ab, hat abgenommen 79, 84
e Abreise, -n 97
ab·sagen 47
ab·schließen, schließt ab, schloss ab, hat abgeschlossen 46, 59, 65
ab·schneiden, schneidet ab, schnitt ab, hat abgeschnitten 100
ab·stellen 57
e Abwechslung, -en 100
ach 25
ach so 25, 80, 85
achten 44, 83, 84
e Adresse, -n 23, 26
r Advent 70
r Adventskranz, ¨e 70
aha 12
ähnlich 55
r Akkusativ, -e 28, 29, 49
aktuell 100
alle 40, 41, 47
allein 11, 14, 66
alleine 60
allerdings 100
alles 40, 74, 77
alles Gute 77
r Alltag 60
s Alphabet, -e 14
r Alptraum, ¨e 100
als 27, 70, 82
also 45, 65, 80
alt 12, 15
s Alter 21, 26, 27
am → an 12, 40, 45
am besten 80
am liebsten 80, 81, 84, 100, 101
am meisten 80

e Ampel, -n 57
an 17, 27, 50
an sein, ist an, war an, ist an gewesen 51
an … vorbei 55
an·bieten, bietet an, bot an, hat angeboten 83
an·bringen, bringt an, brachte an, hat angebracht 90
andere 30, 80, 100
anders 31, 90
an·fangen, fängt an, fing an, hat angefangen 61, 62, 74
e Angabe, -n 27
angenehm 17
e Angst, ¨e 38, 70
an·haben, hat an, hatte an, hat angehabt 70, 102
r Animateur, -e 27
e Animateurin, -nen 27
an·kommen, kommt an, kam an, ist angekommen 51, 57, 102
e Ankunft, ¨e 97
r Anlass, Anlässe 76
an·machen 42, 70, 71
r Anruf, -e 47, 50
an·rufen, ruft an, rief an, hat angerufen 46, 74, 103
ans → an 51, 93
an·schauen 70, 71, 90
e Ansichtskarte, -n 28
an·streichen, streicht an, strich an, hat angestrichen 58, 64
anstrengend 60
e Antwort, -en 51, 70, 83
antworten 18, 60, 61
e Anzeige, -n 41, 95, 96
an·ziehen, zieht an, zog an, hat angezogen 100, 101
an·zünden 70
r Apfel, ¨ 22, 71, 104
r Apfelbaum, ¨e 90
r Apfelsaft 84
e Apotheke, -n 55
r Appetit 83
r April 72
s Aquarium, -rien 90
e Arbeit, -en 60, 82, 93
arbeiten 11, 15, 20
r Arbeitstag, -e 60
s Arbeitszimmer, - 93
arm 100
r Arm, -e 50, 64

r Artikel, - 54
r Arzt, ¨e 97
e Ärztin, -nen 18, 50, 51
e Arztpraxis, -praxen 55
e Atemmaske, -n 50
r Atlantik 36
atmen 50
e Atmosphäre, -n 73
auch 11, 19, 20
auch nicht 30, 100
auch noch 80
auf 17, 44, 48
auf einmal 62, 67
auf sein 50
auf Wiedersehen 8, 9
auf·brechen, bricht auf, brach auf, hat / ist aufgebrochen 50
auf·gehen, geht auf, ging auf, ist aufgegangen 90
aufgeregt 70, 80, 81
auf·haben 102
auf·halten, hält auf, hielt auf, hat aufgehalten 75
auf·hängen, hängt auf, hängte auf, hat aufgehängt 92
auf·hören 67, 88, 100
auf·machen 42, 50, 63
auf·räumen 58, 60, 64
e Aufregung, -en 70
auf·sagen 71
auf·schieben, schiebt auf, schob auf, hat aufgeschoben 90
auf·stehen, steht auf, stand auf, ist aufgestanden 43, 44, 60
auf·stoßen, stößt auf, stieß auf, hat aufgestoßen 90
auf·tauchen, ist aufgetaucht 44, 90
auf·wachen, ist aufgewacht 43, 44, 59
r Aufzug, ¨e 95
s Auge, -n 63, 80, 89
r Augenblick, e 80
s Augenpaar, -e 90
r August 56, 72, 74
aus 18, 19, 20
s Aus 60
r Ausdruck, ¨e 37, 45, 55
r Ausflug, ¨e 97
aus·füllen 26
ausgesprochen 100

ausgezeichnet 83
aus·machen 42, 58, 65
aus·messen, misst aus, maß
    aus, hat ausgemessen 92
aus·packen 90
aus·probieren 82
e Aussage, -n 82
aus·schalten 42, 46
aus·schlafen, schläft aus,
    schlief aus, hat ausgeschla-
    fen 88
aus·sehen, sieht aus, sah aus,
    hat ausgesehen 93, 100,
    103
s Aussehen 95
außerdem 70, 95, 100
e Aussicht, -en 90
aus·steigen, steigt aus, stieg
    aus, ist ausgestiegen 50,
    57, 63
e Ausstellung, -en 107
aus·suchen 71
Australien 25
s Auto, -s 13, 14, 20
e Autobahn, -en 50
r Autofahrer, - 50
e Autonummer, -n 54
r Autoschlüssel, - 36, 68
e Autowerkstatt, ¨en 97
s Baby, -s 9, 13, 77
r Babysitter, - 43
r Bach, ¨e 94
backen, bäckt, backte, hat
    gebacken 70, 71
r Bäcker, - 62
e Bäckerei, -en 48
r Backofen, ¨ 71
s Bad, ¨er 30, 90, 95
e Bademütze, -n 39
e Badewanne, -n 52, 90
r Bahnhof, ¨e 10, 12, 14
s Bahnhofscafé, -s 53
bald 11, 20, 24
r Balkon, -s/-e 49, 52, 54
r Ball, ¨e 13, 49, 58
r Ballon, -s 20
e Banane, -n 78
s Bananeneis 84
e Bank, ¨e 49
e Bank, -en 52, 53, 65
s Bargeld 83
r Bart, ¨e 20, 70, 71
basteln 70
e Batterie, -n 28

r Bauer, -n 60, 61, 104
e Bäuerin, -nen 69
s Bauernfrühstück 86
r Bauernhof, ¨e 57, 60
r Baum, ¨e 48, 53, 54
r Baumarkt, ¨e 93
Bayern 60
beachten 97
r Becher, - 78, 80
bedeuten 30
e Bedienung, -en 80, 81
befestigen 100
befreien 90
beginnen, beginnt, begann,
    hat begonnen 60, 70, 88
begrüßen 94
behalten, behält, behielt, hat
    behalten 101
bei 20, 50, 51
beide 50, 51, 83
e Beilage, -n 85
beim → bei 40, 51, 91
s Beispiel, -e 28, 30, 31
bekommen, bekommt, be-
    kam, hat bekommen 53,
    66, 69
beleidigen 100
bemalen 40
bemerken 90, 91
benutzen 37, 39, 55
beobachten 80, 81, 90
bequem 19, 30, 33
bereits 50
r Bericht, -e 50
r Berliner, - 95
r Beruf, -e 18, 20, 21
beschmutzen 40
beschreiben, beschreibt, be-
    schrieb, hat beschrieben
    57, 106
r Besen, - 89
besonders 80, 107
besorgen 74
besser 82, 103, 104
beste 76, 81, 97
s Besteck, -e 32
bestehen, besteht, bestand,
    hat bestanden 68, 106
bestellen 23, 80, 81
bestimmt 60, 94, 97
bestimmt nicht 60
r Besuch, -e 43, 75, 93
besuchen 61, 68, 74
beten 40

betont 15, 24, 34
e Betonung, -en 15, 24, 34
betreten, betritt, betrat, hat be-
    treten 40, 41
betrügen, betrügt, betrog, hat
    betrogen 40
bezahlen 39, 66, 80
biegen, biegt, bog, hat gebo-
    gen 90
s Bier, -e 20, 73, 75
bieten, bietet, bot, hat gebo-
    ten 96
r Bikini, -s 69
s Bild, -er 35, 46, 54
e Biologie 30, 31
e Birne, -n 79
bis 14, 22
bis dann 45
bis zu 55, 57, 60
bisher 100
bisschen 70, 71, 72
bitte 13, 37, 46
e Bitte, -n 97
bitter 79
s Blatt, ¨er 90, 98, 106
blau 98, 99, 103
s Blaulicht, -er 50
bleiben, bleibt, blieb, ist ge-
    blieben 38, 60, 62
r Blick, -e 80
blind 20
blitzschnell 90
blöd 103
blond 100, 107
e Blume, -n 8, 9, 11
r Blumenladen, ¨ 53
r Blumenstrauß, ¨e 68
e Blumentapete, -n 93
e Blumenvase, -n 98
e Bluse, -n 69
bluten 50, 64
e Bohne, -n 79
r Bohnensalat, -e 85
bohren 89, 92, 100
e Bohrmaschine, -n 89
s Bonbon, -s 40, 79
s Boot, -e 94
böse 77
r Braten, - 82, 84
braten, brät, briet, hat gebra-
    ten 86
e Bratwurst, ¨e 72, 75

brauchen 20, 29, 30
braun 103, 105, 106
s Brautpaar, -e 68
brav 70, 100, 101
breit 92, 93
e Breite, -n 92
brennen, brennt, brannte, hat
    gebrannt 70, 90, 106
r Brief, -e 11, 14, 54
r Briefkasten, ¨ 90
r Briefkastenschlüssel, - 90
e Briefmarke, -n 28
r Briefträger, - 49, 69
e Brille, -n 36, 37, 41
bringen, bringt, brachte, hat
    gebracht 49, 59, 60
s Brot, -e 82, 99
s Brötchen, - 62, 82, 84
e Brücke, -n 48, 57, 99
r Bruder, ¨ 43, 70, 71
e Brust, ¨e 50
s Buch, ¨er 30, 31, 34
r Buchhändler, - 49
r Buchstabe, -n 14
buchstabieren 14
s Bügeleisen, - 89
bügeln 60
r Bund, ¨e 86
e Bundesstraße, -n 57
bunt 40, 99, 102
r Buntstift, -e 80
r Bürgermeister, - 69
s Büro, -s 46, 103
e Büroarbeit, -en 60
r Bus, -se 8, 24, 57
e Bushaltestelle, -n 55, 57
e Butter 86
s Café, -s 80, 81
r Camper, - 49
e CD-ROM, -s 77
e Chance, -n 91
s Chaos 90
r Chef, -s 68, 103
e Chefin, -nen 47
e Chiffre, -n 41
e Christbaumkugel, -n 70
r Clown, -s 69
s Clubhaus, ¨er 56
e/s Cola, -s 78, 80
r Computer, - 18, 30, 31
s Computergeschäft, -e 55
s Computerspiel, -e 77
r Container, - 50
e Couch, s/-en 90

r Februar 72, 74
r Federball, ⸚e 45
fehlen 72, 90, 98
e Feier, -n 95
r Feierabend, -e 60
feiern 57, 68, 70
s Feld, -er 60
s Fenster, - 42, 47, 54
r Fensterladen, ⸚ 97
Ferien (pl) 75, 103
fern·sehen, sieht fern, sah fern, hat ferngesehen 60, 93
r Fernseher, - 30, 31, 34
r Fernsehfilm, -e 47
r Fernsehsessel, - 93
fertig 60
fest 96, 97, 100
s Fest, -e 70, 77
s Festessen, - 71
fett 79
e Feuerwehr, -en 97
r Feuerwehrmann, ⸚er (Feuerwehrleute) 50, 51
s Feuerzeug, -e 28, 33
r Film, -e 28, 30, 31
finden, findet, fand, hat gefunden 28, 30, 31
e Firma, Firmen 68
r Fisch, -e 48, 49, 79
e Fischplatte, -n 85
s Fischstäbchen, - 79
flach 100
e Flasche, -n 13, 24, 48
r Fleck, -e(n), 100, 101
s Fleisch 83
fleißig 20, 24
fliegen, fliegt, flog, hat / ist geflogen 47, 59, 63
flüchten, ist geflüchtet 90
flüchtig 80
r Flug, ⸚e 74
r Flughafen, ⸚ 53
s Flugzeug, -e 63, 102
r Flur, -e 90, 92
r Fluss, ⸚e 64, 99
r Föhn, -e 89, 90
folgen, ist gefolgt 68, 69
folgend 17, 37, 45
s Formular, -e 26
formulieren 31
s Foto, -s 12, 27
r Fotoapparat, -e 28, 31
s Fotoarchiv, -e 30

r Fotograf, -en 18
fotografieren 31, 39, 66
e Fotografin, -nen 30, 69
s Fotolabor, -s/-e 30
e Frage, -n 100
fragen 18, 43, 60
Frankreich 25
französisch 27
e Frau, -en 8, 9, 10
frech 100
frei 32, 83
e Freiheit, -en 30, 31, 32
frei·machen 50
r Freitag, -e 17, 95
fressen, frisst, fraß, hat gefressen 62
freuen (sich) 25
r Freund, -e 18, 23, 93
e Freundin, -nen 23, 68, 73
freundlich 17, 75
r Friseur, -e 100
r Frisör, -e 20
e Frisur, -en 100
fröhlich 76, 77, 82
früh 60, 61, 70
früher 60, 61, 70
frühmorgens 61
s Frühstück 60, 61
frühstücken 60, 62, 82
r Fuchs, ⸚e 60
führen 55
r Führerschein, -e 68
e Führerscheinprüfung, -en 76
füllen 60
funkeln 70, 80
funktionieren 33
für 8, 9, 20
furchtbar 70
fürchten 90
r Fuß, ⸚e 57, 94
r Fußball, ⸚e 59, 60
füttern 60, 61, 65
e Gabel, -n 28, 33
e Gans, ⸚e 71
r Gänsebraten, - 79
ganz 43, 55, 70
s Ganze 86
gar nicht 14, 63, 102
e Garage, -n 65
s Garagentor, -e 97
e Garderobe, -n 80
r Garten, ⸚ 60, 90, 96
s Gas, -e 65
r Gaskocher, - 30

r Gast, ⸚e 52, 60, 68
e Gästetoilette, -n 95
s Gästezimmer, - 93
s Gasthaus, ⸚er 85
geben, gibt, gab, hat gegeben 30, 37, 51
geboren 26
r Geburtsort, -e 26
r Geburtstag, -e 23, 41, 57
e Geburtstagsfeier, -n 56
s Geburtstagsgeschenk, -e 100
r Gedanke, -n 100
s Gedicht, -e 71
geehrte 27
gefallen, gefällt, gefiel, hat gefallen 69, 92
gefangen 90
s Geflügel 79
s Gefühl, -e 100
gefüllt 71
gegen 53, 54, 60
gehen, geht, ging, ist gegangen 10, 38, 40
gelb 98, 99, 100
s Geld 20, 30, 49
r Geldautomat, -en 8, 9
gelegentlich 100
gelingen, gelingt, gelang, ist gelungen 88
gemeinsam 93
s Gemüse 79
e Gemüsesuppe, -n 85
gemütlich 72, 93
genau 22, 100
genauso 100
genug 80, 90, 100
s Gepäck 13, 14
gerade 65, 90, 92
geradeaus 55
s Gericht, -e 85, 86
gern 18, 20, 21
gerne 31, 71, 84
s Geschäft, -e 37, 49
s Geschenk, -e 70, 71
geschieden 20, 24
s Geschirr 59, 64, 65
r Geschirrspüler, - 30, 31, 32
s Geschlecht, -er 26
geschlossen 72
r Geschmack, ⸚e 100, 101
s Gesicht, -er 20, 21, 24
s Gespräch, -e 12, 13, 15
gestern 63, 64, 65
gestrichen 90

gesund 79, 82
s Getränk, -e 78, 79, 85
s Gewicht, -e 27
gewinnen, gewinnt, gewann, hat gewonnen 69, 82
gewöhnlich 60
Ghana 25
gießen, gießt, goss, hat gegossen 86
e Gitarre, -n 41, 45
s Glas, ⸚er 63, 76, 78
glatt 89
gleich 90
gleichfalls 83
gleichzeitig 88, 97
s Glück 60, 73, 75
glücklich 11, 13, 23
r Glückwunsch, ⸚e 76, 77
e Glühbirne, -n 90, 92
r Glühwein, -e 72
e GmbH, -s 27
r Goetheplatz, ⸚e 55
goldbraun 86
r Golf 50
r Golffahrer, - 51
r Gorilla, -s 66
graben, gräbt, grub, hat gegraben 59
s Gramm 22
gratulieren 68, 69
grau 100, 101, 103
graublau 80
greifen, greift, griff, hat gegriffen 90
Griechenland 30
r Griff, -e 97
grillen 79, 97
groß 24, 27
Großbritannien 25
e Größe, -n 27
Großeltern (pl) 23, 70
e Großmutter, ⸚ 15, 61, 68
r Großvater, ⸚ 15, 61, 70
grün 98, 100, 101
r Gruß, ⸚e 14, 17, 24, 34, 47
grüß dich 74
grüßen 71
e Grußkarte, -n 77
r Gummistiefel, - 29, 33, 35
e Gurke, -n 78, 79
r Gurkensalat, -e 85
gut 8, 9, 17
gute Nacht 94
guten Abend 25

guten Appetit 83
guten Morgen 25, 62, 63
guten Tag 8, 15, 25
s Haar, -e 20, 24, 89
**haben, hat, hatte, hat gehabt
18, 19, 20**
haben wollen 100
hacken 86
r Hafen, ⸚ 50, 51
s Hafenkrankenhaus, ⸚er 50
r Haken, - 50, 51
halb 60, 61, 80
halb acht 60
hallo 8, 9, 15
e Halskette, -n 69
halt 8, 9, 65
**halten, hält, hielt, hat gehal-
ten 50, 61, 80**
e Haltestelle, -n 57, 102
r Hamburger, - 41, 50, 51
r Hammer, ⸚ 28
e Hand, ⸚e 50, 60, 61
r Handschuh, -e 69
e Handtasche, -n 52, 80, 98
**hängen, hängt, hängte, hat
gehängt 52, 54**
**hängen, hängt, hing, hat ge-
hangen 52, 54, 92**
hart 50
hassen 100
hässlich 100, 101
r Hauptbahnhof, ⸚e 57
s Hauptgericht, -e 85
r Hauptschalter, - 97
e Hauptsicherung, -en 97
s Haus, ⸚er 30, 31, 32
e Hausarbeit, -en 61
r Hausschlüssel, - 97
r Haustausch 96
e Haustür, -en 65
e Haut 50, 100
**heben, hebt, hob, hat geho-
ben 50, 51, 90**
r Heiligabend, -e 70
heimlich 100
heiraten 68, 72, 74
heiß 80, 81, 99
**heißen, heißt, hieß, hat ge-
heißen 8, 9, 10**
heizen 94
e Heizung, -en 93, 96, 97
**helfen, hilft, half, hat gehol-
fen 60, 61, 64**
hell 95, 100, 101

s Hemd, -en 103
r Herr, -en 8, 9, 12
herrlich 17, 96
herrschen 90
s Herz, -en 68, 90
herzlich 8, 9, 37
herzliche Grüße 77
herzlichen Glückwunsch 76
heute 17, 50, 60
heute Abend 46, 62
heute Morgen 60, 61, 62
heute Nachmittag 61
heute Nacht 80
heute Vormittag 61
hier 12, 15, 17
r Himmel, - 107
hinten 50, 90
hinter 48, 49, 57
r Hintergrund, ⸚e 106, 107
r Hinweis, -e 96
r Hirsch, -e 85
s Hirschragout, -s 85
s Hobby, -s 18, 30, 31
hoch 21, 90, 92
e Hochzeit, -en 76, 77
e Hochzeitsfeier, -n 75
hoffen 95
hoffentlich 57, 77, 80
hohe 100
e Höhe, -n 92, 93
holen 52, 53, 60
e Holzkohle 79
r Honig 82
hören 11, 12, 13
r Horizont, -e 90
r Horrorfilm, -e 41
e Hose, -n 100, 101, 103
s Hotel, -s 8, 9, 37
hübsch 104
s Huhn, ⸚er 60, 61, 79
r Hühnerstall, ⸚e 60
e Hühnersuppe, -n 84
r Hund, -e 15, 18, 23
r Hundekuchen, - 79
hundert 14
r Hunger 62, 79, 80
r Hut, ⸚e 40, 41, 54
ich 8, 9, 11
e Idee, -n 45
r Igel, - 48
ihm 62, 69, 73
ihn 32, 33, 50
Ihnen 45, 75, 77
ihnen 69, 73, 77

Ihr 13, 18, 61
ihr 13, 18, 19
Ihrer 77
ihrer 101, 102
im → in 23, 30, 43
immer 20, 41, 60
immer noch 60, 80
immer noch nicht 80
immer noch nichts 80
r Imperativ, -e 83
in 11, 12, 15
Indien 25
e Informatikerin, -nen 26
e Information, -en 8, 17
inkl. (= inklusive) 85
ins → in 51, 52, 54
r Installateur, -e 26
interessant 17, 37
s Interview, -s 61, 72, 73
e Intonation, -en 84
irgendwann 100
irgendwie 80, 81
Italien 25, 37
italienisch 44
ja 19, 34, 35
e Jacke, -n 50, 51, 52
jagen 90
s Jahr, -e 15, 18, 20
r Januar 72
Japan 25
r Japaner, - 74
e Japanerin, -nen 74
e Jeans, - 100
jede 91, 100, 104
jeden 72, 90, 97
jeder 30, 90, 91
jedes 71, 91
jemand 90, 91, 92
jetzt 37, 38, 50
r Job, -s 50
r/s/e Jogurt 78, 82
e Journalistin, -nen 61
s Jubiläum, Jubiläen 68
r Juli 72, 74
jung 10, 14, 102
r Junge, -n 9, 19, 21
r Juni 72
s Jura 60
r Juwelier, -e 100
r Kaffee 49, 60, 64
r Kaffeefleck, -e(n) 80
e Kaffeemaschine, -n 90
r Käfig, -e 52, 106
e Kajüte, -n 30

r Kakao 58
r Kalbsbraten, - 82
kalt 85, 96, 104
s Kamel, -e 12, 54
e Kamera, -s 30
kämmen 100
Kanada 25
s Kännchen, - 80
e Kantine, -n 82
kaputt 12, 13, 19
e Karotte, -n 22
e Karte, -n 57, 76, 85
e Kartoffel, -n 22, 44, 78
r Kartoffelsalat, -e 79
e Kartoffelscheibe, -n 86
r Karton, -s 90
r Käse 49, 78, 82
s Käsebrot, -e 85
e Kasse, -n 78
e Kassette, -n 90
r Kasten, ⸚ 97
r Kater, - 104
e Katze, -n 18, 21, 24
kaufen 32, 33, 34
s Kaufhaus, ⸚er 23
kaum 70, 91
kein 12, 20, 29
kein mehr 80
keine 12, 13, 26
keinen 29, 30, 31
keiner 35
keins 35, 60
r Keks, -e 90
r Keller, - 52, 89, 97
e Kellertür, -en 97
r Kellner, - 49, 54, 94
e Kellnerin, -nen 80
**kennen, kennt, kannte, hat
gekannt 40, 70, 102**
e Kerze, -n 28, 70, 71
kg 27
s Kilo, -(s) 22
s Kilogramm 27, 78
r Kilometer, - 57
s Kind, -er 12, 43, 49
Kinder (pl) 12, 18, 20
s Kinderzimmer, - 54
e Kindheit 70
s Kino, -s 93
e Kirche, -n 55
e Kirsche, -n 82, 99
e Kirschtorte, -n 80
e Kiste, -n 30, 34, 78
r Kitsch 73

kitschig 92

klappen 80

klar 80, 100

e Klausur, -en 75

s **Klavier**, -e 11, 12, 24

s **Kleid**, -er 100, 101, 102

e **Kleidung** 40, 101

r Kleidungsstil, -e 101

klein 80, 86, 100, 101

s Kleinkind, -er 80

klemmen 97

klettern, ist geklettert 100, 101

klingeln 50, 51, 62

klopfen 90, 92

r **Kloß**, ⸚e 71

r **Knödel**, - 82

kochen 18, 44, 73

r Kochlöffel, - 89

r **Koffer**, - 13, 32, 33

r Kognak, -s 80

e **Kohle**, -n 98

e Kohlensäure 20

r **Kollege**, -n 102, 103

kommen, kommt, kam, ist gekommen 10, 11, 15

kommerziell 73

e Kommode, -n 97

r Komparativ, -e 82

komplett 13, 33

kompliziert 72

r Komponist, -en 23

r Kompromiss, -e 100

r Konflikt, -e 100

können, kann, konnte, hat gekonnt / hat können 17, 20, 21

e Kontaktanzeige, -n 41

e Kontaktlinse, -n 36

kontrollieren 54

e Kontrolllampe, -n 97

konzentriert 50

r **Kopf**, ⸚e 49, 50, 54

korrigieren 23, 64

kosten 30, 32, 33

s Kotelett, -s 79, 83

r Kran, ⸚e 50

s **Krankenhaus**, ⸚er 50, 51

r **Krankenpfleger**, - 50

e **Krankenschwester**, -n 20

r **Krankenwagen**, - 12, 14

e Krawatte, -n 39, 41, 54

e **Kreditkarte**, -n 33, 36, 39

e **Kreuzung**, -en 57

e Krippe, -n 70, 71

s Krokodil, -e 30, 31, 44

e **Küche**, -n 62, 84, 95

r **Kuchen**, - 78, 79, 84

r Küchentisch, -e 52, 70

e Küchenuhr, -en 28

e Kuh, ⸚e 60, 61

r **Kühlschrank**, ⸚e 32, 33, 34

e Kühlschranktür, -en 97

r Kuhstall, ⸚e 61

r Kundendienst 46

e Kunstausstellung, -en 107

r Kunststudent, -en 20

e **Kurve**, -n 57

kurz 50, 60, 64

r **Kuss**, ⸚e 10, 24, 34

küssen 14, 40, 80

lächeln 60, 80

lachen 10, 11, 23

lächerlich 103

e **Lage**, -n 96

r Lammbraten, - 82

e **Lampe**, -n 35

s **Land**, ⸚er 26

r Landwirt, -e 60

lang 60, 64, 70

lange 19, 60, 61

e **Länge**, -n 92, 93

länger 92

langsam 43, 71, 80

langweilig 63, 100, 101

lassen, lässt, ließ, hat gelassen 105

r **Lastwagen**, - 90

e Laterne, -n 48

laufen, läuft, lief, ist gelaufen 50, 99

laut 39, 41, 94

s **Leben** 30, 50, 60

leben 11, 26, 30

s **Lebensjahr**, -e 77

r Lebensretter, - 50

r Lebensstil, -e 30

e Lederjacke, -n 102

ledig 20, 21, 26

leer 80, 90, 91

legen 49, 50, 51

r **Lehrer**, - 15, 42

e Lehrerin, -nen 69

leicht 100, 104

Leid tun 45, 74, 80

leider 27, 77, 92

leihen, leiht, lieh, hat geliehen 103

leise 40

e Leiter, -n 49, 52

lernen 45, 75

lesen, liest, las, hat gelesen 10, 19, 32

r Leser, - 100

e Leserin, -nen 100

leuchten 97

Leute (pl) 17, 30, 33

s **Licht**, -er 42, 44, 58

lieb 11, 14, 37

e **Liebe** 80

lieben 11, 20, 50

lieber 79, 82, 83

r **Liebling**, -e 63, 73

s **Lied**, -er 68

liegen, liegt, lag, hat gelegen 48, 50, 51

liegen sehen 94

e **Limonade**, -n 80, 81, 85

e **Linie**, -n 57

linke 102

links 18, 55, 57

e Lippe, -n 98

e **Liste**, -n 97

r Liter, - 78

s **Loch**, ⸚er 59, 60, 61

r **Löffel**, - 33

los 12, 50

los·gehen, geht los, ging los, ist losgegangen 90

e **Lösung**, -en 23, 24

r Luftballon, -s 20, 21, 66

e Luftmatratze, -n 19

lügen, lügt, log, hat gelogen 40, 41

e **Lust** 43, 45, 88

r Luxus 30

m² 95

machen 11, 25, 38

macht nichts 80

s **Mädchen**, - 9, 10, 14

r Mai 72, 74

r **Makler**, - 95

mal 12, 35, 40

s **Mal**, -e 100

malen 59, 64, 80

r Maler, - 49

e Mama, -s 8, 9, 13

man 38, 39, 40

manche 30

manchmal 50, 82

r **Mann**, ⸚er 10, 13, 26

männlich 26

r **Mantel**, ⸚ 29, 52, 65

e **Margarine** 78

markieren 15, 24, 34

e **Marmelade** 78

r März 72, 74

e **Maschine**, -n 60

s **Maßband**, ⸚er 92

e **Mathematik** 32

r Mathematiklehrer, - 18

e Matratze, -n 24, 30, 31

e **Mauer**, -n 104

e **Maus**, ⸚e 30, 48, 49

Medizin studieren 27

s **Meer**, -e 89, 94, 98

s **Mehl** 79

mehr 30, 32, 60

mein 12, 13, 15

meinen 20, 35, 60

meiner 56, 70, 100

e **Meinung**, -en 100

meisten 81

meistens 60, 61, 100

melden 102

melken, melkt, melkte, hat gemolken 60

e Melkmaschine, -n 60

r **Mensch**, -en 10, 20, 30

merken 102, 103, 104

messen, misst, maß, hat gemessen 92

s **Messer**, - 28, 33, 49

r/s **Meter**, - 27, 92, 93

miau 60

mich 25, 70, 71

e **Miete**, -n 95

e **Milch** 78, 103

mindestens 70

s **Mineralwasser**, - 20, 21, 52

r Minikühlschrank, ⸚e 30

e Minute, -n 20, 21, 24

mir 45, 70, 71

mit 20, 27, 32

mit freundlichen Grüßen 27

mit·arbeiten 61

r Mitarbeiter, - 47

mit·bringen, bringt mit, brachte mit, hat mitgebracht 68, 69, 70

mit·fahren, fährt mit, fuhr mit, ist mitgefahren 91

mit·kommen, kommt mit, kam mit, ist mitgekommen 47, 107

mit·machen 100

mit·nehmen, nimmt mit, nahm
  mit, hat mitgenommen 103
r Mittag 60, 82, 84
s Mittagessen, - 60, 61, 65
mittags 82
r Mittagsschlaf 61
e Mitte 90, 106, 107
s Mittelmeer 36
mitten 92
e Mitternacht 73
e Mitternachtsmesse, -n 71
r Mittwoch 17, 97
r Mixer, - 88
Möbel (pl) - 30, 31, 34
s Möbelstück, -e 93
r Möbeltischler, - 20
s Mobiltelefon, -e 30, 31
möchten, möchte, 25, 32, 33
e Mode, -n 100
e Modenschau, -en 100
modern 100, 101
s Mofa, -s 48
mögen, mag, mochte, hat ge-
  mocht / hat mögen 79, 80,
  83
möglich 90
r Moment, -e 28, 70, 90
r Monat, -e 95
r Monatsname, -n 74
r Mondsee 96
r Montag, -e 17, 45, 47
morgen 15, 17, 45
r Morgen 61, 90, 91
morgen früh 75
morgen Nachmittag 75
morgens 60, 61, 82
r Motor, -en 94
s Motorrad, ̈er 30, 31, 34
e Mücke, -n 48
müde 42, 61, 62
e Müllabfuhr 97
r Müllsack, ̈e 97
r Mund, ̈er 81
s Münster, - 60
e Münze, -n 29
s Museum, Museen 37, 41, 55
r Museumsplatz, ̈e 53
e Musik 11, 30, 31
e Musikerin, -nen 30
s Müsli 82
müssen, muss, musste, hat
  gemusst / hat müssen 38,
  39, 40
e Mutter, ̈ 13, 23, 43

e Mütze, -n 49, 70, 94
na 20, 80, 100
na dann 83
na gut 80
na ja 19
nach 46, 47, 51
nach Hause 46, 47, 62
r Nachbar, -n 92, 97
r Nachbartisch, -e 80, 81
r Nachmittag, -e 60
r Nachname, -n 23
e Nachricht, -en 47, 80, 81
nach·schlagen, schlägt nach,
  schlug nach, hat nachge-
  schlagen 89
e Nachspeise, -n 85
nach·sprechen, spricht nach,
  sprach nach, hat nachge-
  sprochen 14, 15, 24
nächste 50, 71, 100
e Nacht, ̈e 70, 71
r Nachthimmel 100
nachträglich 77
nachts 80, 81
r Nagel, ̈ 28
nah 94
e Nähe 60
nähen 60
näher 90
r Name, -n 26, 27, 54
s Namensschild, -er 90
nämlich 100
naschen 40, 44, 99
e Nase, -n 80, 94, 100
nass 19, 24, 94
natürlich 19, 24, 26
neben 48, 49, 50
Nebenkosten (pl) 95
nehmen, nimmt, nahm, hat
  genommen 52, 54, 55
nein 8, 9, 12
nennen, nennt, nannte, hat
  genannt 40
r Nerv, -en 103
r Nervenzusammenbruch, ̈e
  100
nervös 80, 103
nett 17, 32, 75
s Netz, -e 94
neu 33, 73, 77
neulich 100
nicht 11
nicht immer 50, 101
nicht mehr 32, 38, 60

e Nichte, -n 100, 101
nichts 64, 66, 80
nichts mehr 40, 83
nie 40, 41
nie mehr 40
niemand 50, 90
r Nikolaus 70, 71, 72
r Nikolaustag, -e 70
noch 32, 33, 35
noch ein 67, 80, 83
noch eine 97
noch einmal 53, 80, 81
noch mehr 101
noch nicht 27, 42, 64
noch nichts 50
r Nominativ, -e 28, 29, 48
e Nordsee 36
normalerweise 20, 24, 30
e Notärztin, -nen 50
r Notarztwagen, - 50
e Notaufnahme, -n 50
notieren 9, 22, 23
e Notiz, -en 47
r Notizzettel, - 47
r November 70, 71, 72
Nr. → Nummer 12, 46, 82
e Nudel, -n 78, 79
r Nudelsalat, -e 79
e Null 97
null 14
e Nummer, -n 9, 13, 23
nur 30, 41, 43
nur nicht 80
nur noch 51
e Nuss, ̈e 71
oben 90, 94
Oberösterreich 96
s Obst 79
r Obstsalat, -e 85
obwohl 101
oder 11, 12, 19
r Ofen, ̈ 94
offen 106, 107
öffnen 89, 97
oft 60, 101
oh 8, 9, 75
oh Gott 63
ohne 20, 40, 41
ohne zu 90, 91
s Ohr, -en 94, 100, 101
r Ohrring, -e 100, 102
okay 45
r Oktober 72, 74
Olympia 34

e Oma, -s 70
s Omelett, -s 83
r Onkel, - 70
r Opa, -s 70
s Opfer, - 50
r Orangensaft 82
ordnen 9, 34, 53
e Ordnung, -en 60
r Ort, -e 17
Ostern 74
Österreich 26, 72, 97
r Österreicher, - 26
e Österreicherin, -nen 26
österreichisch 26
e Ostsee 36, 96, 97
PS: 37
s Paar, -e 76, 99
paar 30, 57, 90
s Päckchen, - 71, 78, 79
packen 19, 64, 65
s Paket, -e 79
r Papagei, -en 44, 52
r Parkplatz, ̈e 57
e Party, -s 75, 79
r Passagier, -e 63
passen 12, 18, 21
passieren 53, 61, 63
e Pause, -n 38, 80, 90
s Perfekt 58, 59, 61
e Person, -en 15, 26, 28
Personalien (pl) 26
r Personenwagen, - 50
pervers 100
e Petersilie 86
e Pfanne, -n 86
r Pfarrer, - 49, 69, 94
r Pfeffer 79, 86, 93
s Pferd, -e 49, 99
s Pflaster, - 29
r Pfleger, - 51
pfui 8
s Pfund, -e 22, 78
e Pfütze, -n 49, 104
e Physik 32
s Physikbuch, ̈er 34
r Pilot, -en 94
r Pilz, -e 22, 24
e Pilzsoße, -n 85
e Pizza, Pizzen 23, 24, 41
r Pizza-Express 23
r Plan, ̈e 100
r Plastiksack, ̈e 90
r Platz, ̈e 30, 73, 80
s Plätzchen, - 70, 71

platzen, ist geplatzt 20, 21, 24
plötzlich 60, 66, 67
r Plural, -e 9, 13
e Polizei 14, 24
s Polizeiauto, -s 12
s Polizeirevier, -e 102
r Polizist, -en 48
e Polizistin, -nen 9
Pommes frites (pl) 85
e Post 34, 55, 65
e Postkarte, -n 17
praktisch 93
e Praline, -n 78
e Präposition, -en 54
s Präsens 58, 59, 101
s Präteritum 61, 101
r Preis, -e 93
prima 17, 45, 65
privat 100
pro 20, 95, 100
e Probe, -n 80, 81
probieren 79, 82, 84
s Problem, -e 19, 20, 37
s Pronomen, - 69
**r / (s Österreich) Prospekt, -e
93**
Prost ! 20
Prost Neujahr! 73
protestieren 100
provozieren 63
r Psychologe, -n 93
r Pudding 99
r Pullover, - 100, 101
r Puls 80
e Puppe, -n 49, 54, 71
putzen 40, 41, 60
r Quadratmeter, - 95
s Quiz, - 23
s Rad, ̈er 20, 21
s Radio, -s 12, 13, 23
r Rahmen, - 92
e Rakete, -n 73
r Rand, ̈er 106
r Rasen 40
r Rasierapparat, -e 36
rasieren 20, 21, 24
s Rathaus, ̈er 55, 107
Ratschläge (pl) 103
rauchen 30, 41
räumen 90
e Reaktion, -en 50
rechnen 21
e Rechnung, -en 85
recht 106

s Recht, -e 100
rechts 18, 55, 57
e Redakteurin, -nen 100
reden 80, 103
s Regal, -e 35, 52, 54
r Regen 54
r Regenschirm, -e 29, 33, 35
r Regisseur, -e 80
r Regler, - 97
r Reifen, - 67
e Reifenpanne, -n 20
e Reihenfolge, -n 22, 66
r Reis 85
e Reise, -n 8, 9, 17
reisen, ist gereist 10
r Reisepass, ̈e 94
**reißen, reißt, riss, hat gerissen
50, 51, 64**
reiten, reitet, ritt, ist geritten 21,
45, 53
reizen 89
r Rekord, -e 20
**rennen, rennt, rannte, ist ge-
rannt 50, 51, 64**
renovieren 100
e Rente, -n 72
r Rentner, - 93
e Reparatur, -en 90
reparieren 60, 61, 67
e Reportage, -n 25
r Reporter, - 9, 25, 30
reservieren 83
r Rest, -e 30, 34
s Restaurant, -s 37, 83
r Rettungsdienst, -e 50
s Rettungsteam, -s 50
r Rettungswagen, - 50
s Rezept, -e 82, 86
richtig 11, 13, 19
e Richtung, -en 57
e Rinderbouillon, -s 85
r Rinderbraten 84
r Ring, -e 100, 101
r Rippenbruch, ̈e 50
r Rock, ̈e 100
e Rolle, -n 80, 81
romantisch 92
e Rose, -n 76
rot 80, 85, 98
rothaarig 102
r Rotkohl 71
r Rotwein, -e 85
r Rücken 70
**rufen, ruft, rief, hat gerufen
50, 64, 70**

e Ruhe 38, 42, 90
ruhig 72, 80, 83
rund 106, 107
Russland 25
e Rute, -n 70
Sachen (pl) 90, 91, 100
r Sack, ̈e 70, 71, 78
r Saft, ̈e 8, 9, 24
sagen 10, 12, 13
e Sahne 78, 79, 80
r Sahnesee, -n 99
e Sahnesoße, -n 85
r Salat, -e 78, 82, 85
s Salatteller, - 85
s Salz 63, 86
salzig 79
r Samstag, -e 17, 95
samstags 60
r Sänger, - 69
e Sängerin, -nen 9
r Sanitäter, - 50, 51
satt 83
r Satz, ̈e 12, 15, 23
sauber 19, 24, 89
sauber machen 60, 65
sauer 79
r Sauerstoff 50
s Schach 45
e Schachtel, -n 78, 90
schade 46, 75
s Schaf, -e 94, 104
**schaffen, schafft, schaffte,
hat geschafft 20, 24, 50**
r Schal, -s 103
schälen 86, 87
r Schalter, - 60
scharf 79, 92, 93
r Schatten, - 90
r Schatz, ̈e 73
schauen 35, 50, 51
r Scheck, -s 36
e Scheibe, -n 82, 86
schenken 68, 69, 70
scheußlich 17
schicken 11, 34, 37
**schieben, schiebt, schob, hat
geschoben 50, 51, 64**
schießen, schießt, schoss, hat
geschossen 39, 58
s Schild, -er 49, 57
schimpfen 50, 67
r Schinken, - 82, 85, 86
s Schinkenbrot, -e 85
r Schirm, -e 105

**schlafen, schläft, schlief, hat
geschlafen 42, 43, 44**
r Schlafsack, ̈e 19, 24
s Schlafsofa, -s 93
s Schlafzimmer, - 30, 52, 62
**schlagen, schlägt, schlug, hat
geschlagen 80, 86, 89**
s Schlagzeug, -e 89
e Schlange, -n 30, 44
schlau 104
schlecht 17, 21, 80
schleppen 90
**schließen, schließt, schloss,
hat geschlossen 90, 97**
schließlich 90, 91, 100
schlimm 100
r Schluck, -e 80
r Schluss 64, 71
r Schlüssel, - 47, 76, 97
schmal 102
schmecken 69, 71, 80
r Schmerz, -en 50
r Schmuck 101
schmücken 68, 70, 71
s Schmuckstück, -e 100
schmutzig 103
r Schnee 94
schneiden, schneidet,
schnitt, hat geschnitten 20,
24, 64
schnell 20, 24, 43
s Schnitzel, - 85
r Schock, -s 50
e Schokolade, -n 69, 78, 99
schon 19, 32
schön 14, 65
r Schrank, ̈e 49, 52, 54
schrecklich 100, 101, 103
**schreiben, schreibt, schrieb,
hat geschrieben 11, 17, 27**
e Schreibmaschine, -n 32, 33,
34
s Schreibpult, -e 93
r Schreibtisch, -e 30, 32, 34
e Schriftstellerin, -nen 93
r Schritt, -e 90
r Schuh, -e 28, 34, 40
e Schule, -n 60
s Schuljahr, -e 100
schützen 89
schwach 50, 51
schwarz 90, 98, 100
s Schwarzbrot, -e 82
s Schwein, -e 60, 69, 84

r Schweinebraten, - 82, 84
s Schweinefleisch 79
schwer 104
e Schwester, -n 24, 71, 74
schwierig 90, 91
s Schwimmbad, ˝er 55
**schwimmen, schwimmt,
schwamm, ist geschwom-
men 21, 27, 39**
schwimmen gehen 46
s Segelboot, -e 30, 31, 34
segeln 27
**sehen, sieht, sah, hat gese-
hen 40, 41, 42**
sehr 20, 24, 27
**sein, ist, war, ist gewesen 10,
11, 12, 13, 31, 32**
seiner 68, 73, 100
seit 68, 70, 72
seit wann 72
e Seite, -n 50, 51, 90
e Sekretärin, -nen 26, 68
r Sekt 73
e Sekunde, -n 20, 21
selbst 34, 82, 91
selten 30, 60, 90
r Senf 78
r September 72, 74
e Serie, -n 60
r Sessel, - 60, 90
setzen (sich) 49, 52, 90
s Shampoo, -s 94
e Shampooflasche, -n 90
sich 100
sicher 80, 81, 84
e Sicherung, -en 97
Sie 8, 9, 10
sie 10, 13, 18
e Silberhochzeit, -en 68, 74
r/s Silvester 71
**singen, singt, sang, hat ge-
sungen 21, 64, 70**
r Singular, -e 9
e Sirene, -n 50
e Situation, -en 33
**sitzen, sitzt, saß, hat geses-
sen 48, 50, 51**
r Ski, -er 45
so 13, 30
so ein 94
so viel 103
so viele 79
so weit 70
e Socke, - n 94

s Sofa, -s 48, 92, 107
sofort 60, 85
sogar 90, 100
r Sohn, ˝e 12, 18, 24
**sollen, soll, sollte, hat gesollt
/ hat sollen 38, 39, 40**
r Sommer, - 30
s Sonderangebot, -e 93
sondern 82, 84
e Sonne, -n 82
e Sonnenbrille, -n 29, 35
r Sonntag, -e 17, 45, 56
sonntags 40, 60, 61
s Sonntagskleid, -er 101
sonst 64
e Sorte, -n 20, 21
e Soße, -n 92
sowieso 80, 100
e Sozialarbeiterin, -nen 30
Spagetti / Spaghetti (pl) 79
Spanien 25
spanisch 27, 34, 44
spannend 30, 90, 91
sparen 94
r Spaß, ˝e 73, 75, 77
spät 50, 62, 71, 82
später 50, 60, 70
spazieren gehen 107
e Speisekarte, -n 80, 84
speziell 100
r Spiegel, - 35, 40, 41
r Spiegelschrank, ˝e 90
s Spiel, -e 40
spielen 11, 12
Spielsachen (pl) 70
e Spinne, -n 30, 34, 44
spinnen, spinnt, sponn, hat ge-
sponnen 19, 34, 94
r Sport 27
e Sportlehrerin, -nen 18
e Sprache, -n 27, 34
**sprechen, spricht, sprach, hat
gesprochen 40, 41, 43**
**springen, springt, sprang, ist
gesprungen 21, 38, 50**
r Sprung, ˝e 90
spülen 59, 64, 65
spüren 90
e Staatsangehörigkeit, -en 26
e Stadt, ˝e 17, 34, 80
e Stadtbahn, -en 57
r Stall, ˝e 49, 60
e Stallarbeit, -en 60
ständig 100

stark 92
e Station, -en 53, 57
e Steckdose, -n 88
stecken 88, 90
r Stecker, - 88
**stehen, steht, stand, hat ge-
standen 48, 50, 51**
**stehlen, stiehlt, stahl, hat ge-
stohlen 102**
steif 89
**steigen, steigt, stieg, ist ge-
stiegen 53, 104**
r Stein, -e 100
stellen 49, 52, 64
r Stern, -e 40, 106, 107
e Steuer, -n 40
e Stewardess, -en 63
r Stiefel, - 34, 70
r Stil, -e 100
still 90
e Stimme, -n 80, 81, 90
stimmen 30, 34, 80
stimmt so 80
stöhnen 50
stören 74
stoßen, stößt, stieß, ist / hat
gestoßen 90
e Straße, -n 26, 34, 50
streichen, streicht, strich, hat
gestrichen 88, 100, 101
**streiten, streitet, stritt, hat
gestritten 100**
streng 70
streuen 86
r Strich, -e 80
r Strom, 65, 97
e Stromleitung, -en 92
r Strumpf, ˝e 28, 34, 40
s Stück, -e 55, 78
studieren 20, 23, 24
s Studium, -dien 34
e Stufe, -n 97
r Stuhl, ˝e 32, 33, 34
e Stunde, -n 60, 61, 75
stützen 89
suchen 27, 28, 32
Südafrika 25
Süddeutschland 82
r Superlativ, -e 81
r Supermarkt, ˝e 65
e Suppe, -n 82, 84, 85
surfen 18, 27, 45

surfen gehen 47
süß 79
e Süßigkeit, -en 70, 71
sympathisch 17, 34
e Tabelle, -n 93
e Tafel, -n 69, 78
r Tag, -e 9, 17, 19
täglich 40, 60, 61
r Tango 88
e Tankstelle, -n 57
tanzen 38, 73, 88
e Tapete, -n 92
tapezieren 93
e Tasche, -n 13, 24, 48
s Taschentuch, ˝er 29, 44
e Tasse, -n 60, 82, 84
e Taube, -n 48, 90, 91
tauchen, ist getaucht 21, 27, 39
e Taucherbrille, -n 89
tauschen 96
s Taxi, -s 8, 9, 12
r Taxifahrer, - 53
r Taxistand, ˝e 55
r Teddy, -s 53
r Tee, -s 38, 49, 60
r Teil, -e 90
Tel. → Telefon 27, 32, 37
s Telefon, -e 8, 9, 26
r Telefonanruf, -e 51
s Telefonbuch, ˝er 28
telefonieren 18, 64, 67
e Telefonkarte, -n 29, 33
e Telefonnummer, -n 26, 46,
47
e Telefonzelle, -n 55
s Telegramm, -e 68
r Teller, - 49, 54, 82
s Tempo 50
s Tennis 18, 27, 34
r Tennisplatz, ˝e 55
r Teppich, -e 35, 54
r Termin, -e 40, 41, 47
e Terrasse, -n 95
teuer 34, 73
r Text, -e 10, 32, 37
Thailand 14
s Theater, - 62, 80
s Theaterstück, -e 81
s Thema, Themen 100
tief 21, 104
s Tier, -e 30, 31, 74
r Tiger, - 40
r Tisch, -e 30, 35, 48
e Tischdecke, -n 80

Seite 23 Mitte: M. Schindlbeck, Antenne Bayern © Werner Bönzli, Reichertshausen

Seite 30: Segelboot © Bavaria Yachtbau GmbH, Giebelstadt

Seite 53: VPI Verkehrsunfallaufnahme München (Auto am Baum); Gerhard Neumeier, Hallbergmoos (Reiter)

Seite 60: Wolfgang Korall, Berlin

Seite 63: Hartmut Aufderstraße

Seite 73: Katharina Biehler, Saarbrücken (Silvesterfeier)

Seite 86: Bauernfrühstück: Ketchum PR, München

Seite 92: Ferdinand Joesten, Ostrach

Seite 96: Mit freundlicher Genehmigung der Familie Wendtner in Loibichl

Seite 128: 1: Schwarzwald Tourismusverband, Freiburg (H.-W. Karger); 2: Bayerische Zugspitzbahn, Bergbahn AG, Garmisch-Partenkirchen; 3: Hartmut Aufderstraße; 4: Schloß Neuschwanstein © Bayerische Verwaltung der staatlichen Schlösser, Gärten und Seen, München; 5: Wien-Tourismus (Peter Koller); 6: Tourismus + Congress, Frankfurt (Keute); 8: Österreich-Werbung, Wien (Mallaun)

Seite 129: b): Thomas Hettland, Dresden; c): Deutsche Bahn AG/Mann; f): © by el paradiso (Bergrestaurant) St. Moritz/H-J. Zingg; h): Österreich-Werbung (Niederstrasser); i): Verkehrsverein Heidelberg; j): Kunstmuseum Düsseldorf im Ehrenhof; l): Ernst Luthmann, Ismaning

Seite 131: 1: Sandro Hügli, Meiringen; 2: Österreich-Werbung (Herzberger); 3: Gitta Gesing, Marl; 4 und 7: Nordseeheilbad Cuxhaven; 5: Medienzentrum Wuppertal; 6: Glocknergemeinde Heiligenblut; 8 und 9: (Schmale, Farkaschovsky) Juniors Bildarchiv, Ruhpolding

Seite 132: Gabi Schwarzmayer, Ismaning

Seite 136: Technologiezentrum Konstanz; Hotel am Bodensee + Zitronenbaum © Thomas Bichler, Radolfzell; Appenzeller Schaukäserei, Stein; OLMA Messen St. Gallen

Seite 142: 3: Gerd Pfeiffer, München; 6: Anahid Bönzli, Tübingen

Seite 143: Werner Bönzli, Reichertshausen

Seite 153: Pressefoto Rauchensteiner, München

Seite 162: J. Marischka, Antenne Bayern © Werner Bönzli, Reichertshausen

Seite 163: IG Metall, Verwaltungsstelle Hannover

Seite 170: G. Hellmesberger: © Gerhard Trumler, Wien; alle anderen: AKG Berlin

Seite 171/180/181: AKG Berlin

Seite 182: Konrad-Adenauer-Stiftung Bonn (ACDP-Bilderdienst)

Seite 183: © NDR/ARD aktuell/Uwe Ernst

Seite 191: 1. Ausstellungs- und Messe GmbH des Börsenvereins des Deutschen Buchhandels, Frankfurt (Nurettin Cicek); 2. Bayreuther Festspiele GmbH (Jörg Schulze); 3. Österreich-Werbung, Wien (Markowitsch); 4. Tourismus Oberammergau; 5. Wien-Tourismus (Maxum); 6. Stadt Kassel, documenta Archiv

Seite 196/197: Hartmut Aufderstraße

Heribert Mühldorfer: Seite 12, 13, 20 (links unten), 26, 27 rechts, 30, 32, 33, 41, 42 (oben), 43 (2 x oben), 50, 52 (oben), 53, 63 (oben), 82 (1 + 3 + unten), 83, 93, 102, 103 (oben), 110, 112, 113, 122, 123, 129 (a, e, i, k), 132 (oben), 133, 140, 142 (1, 2, 5, 8, 9), 143 (unten), 152, 153 (oben), 160, 161, 162 (oben), 172, 173, 183 (unten), 192, 193, 201, 201, 203, 207.

Roland Koch: Seite 13 (oben), 20, 22, 23, 27, 30 (Mitte oben), 42, 43 (2 x unten), 52, 62, 72, 73, 82 (2+4), 92 (oben), 102 (oben), 103, 122 (unten), 129 (d, g), 133 (Mitte), 142 (4, 7), 173 (oben), 192 (unten).

Karikaturen von Ralf Meyer-Ohlenhof: Seite 80, 100, 120, 150, 169.

Das Krokodil auf Seite 30 wurde uns freundlicherweise vom Institut für Zoologie in München zur Verfügung gestellt.

Das Foto „Fernsehdiskussion" auf Seite 112 wurde mit freundlicher Genehmigung in einem Studio von Pro7 in Unterföhring fotografiert. Ferner möchten wir uns bei den Mitwirkenden herzlich bedanken.

CDs – SPRECHEN

CD 1 – Lektionen 1–4

CD 2 – Lektionen 5–10